紅樓文選

從細瑣平常中見神奇奧妙

五南圖書出版公司 印行

推薦序1
徐信隆，劍道七段，擅長英式橄欖球

本書第一篇讓讀者去除蒙蔽，看到即使身邊所有瑣碎的事物，例如一撮泥土，一杯清涼的水，投球入藍，一舉手一投足都有如魔法般的神奇奧妙。附錄1作者使用日常常識語言取代禪定內觀的方法讓讀者了解諸法實相，給讀者戴上了諸法空相的眼鏡，不看一個點，不看個別個人、個別個體的存在，所有這些個別的個體個人全部被看成為一個變動不居現象網的部分。了解現象的世界，沒有個人自我，沒有任何實體的「空」的狀態，了解這兩篇之後慢慢地在腦子裡面蘊釀，自我潛移默化，無形中好像換了一個眼睛看世界，戴上一副眼鏡，看到真實的、奧妙神奇的世界，看到一個沒有個人自我、任何實體存在的現象的世界，看到空無實體的世界，他已經時時刻刻處在一種禪悟的境界之中。（直接電動般一樣自動而快速切換成諸法實相的現象的空的禪的境界。）

前言對全書內容有非常妥當的介紹，第十三篇提到巴克萊主觀唯心論，第九，第十兩篇的進一步說明看出來作者非常獨創，非常精闢，非常深刻，特別是非常透徹明瞭的詮釋。主觀唯心論必定留下來的經典困惑，作者聲稱計畫下一本書裡面深入明白說明。第十二篇內容涵蓋作者整體思想的架構，裡面稍微透露上述唯心論者經典困惑問題的解答方案。

本書唯一模糊曖昧的地方只有前言附上的幾段臉書貼文之一，後面部分提到有關康德的理論的部分，這一部分作者告訴本人他在兩年期間的臉書的長篇系列貼文裡面包含了從笛卡兒、洛克、巴克萊、休謨，特別是康德的介紹說明。可以參考，可以翻閱作者臉書 **2022** 年 **11** 月 **30** 日之前 **K** 和 **Ka** 系列貼文參考，甚至追溯到當年七月的貼文。本人翻閱作者臉書發現內容非常豐富非常精彩，包羅萬象，值得特別留意。

第七篇以三頁不到的篇幅提到因果鴻溝的問題，康德並沒有解答了休謨的問題，本書作者用非常巧妙而且趣味的方式指出這個問題的重要性，作者是本人的表哥，根據他對本人所說；他的下一本書將徹底回答這個問題。

本書第十一篇略為提到愛因斯坦的狹義相對論裡面所蘊涵對於時間永恆的問題的見解，雖然不是一般人所能理解，所能相信，但是科學家的說法竟然如此，值得非常留意。

正如本書前言所說，本書所有各篇章各具獨創重要精華，建議擁有此書，加以瀏覽，細讀品嚐，細加玩索。本書內容豐富處處精微，特別深具實用功效，建議切割處理，分小塊慢慢仔細品味，然後統整全部篇章內涵，將全書融會貫通。

解困惑出迷宮，開心竅，啓法眼看世界每一凡塵，時時刻刻念念相續如自然呼吸，順暢無礙，處於禪定的境界之中，豈不美哉。作者曾詢問；劍道擊劍對峙當下的心境。本人回答：非語言所能表達！表面的說明如；不可專注看一個點，要看整體的山，把自己的視野放寬，可以小化對手，對手過度的無謂的緊張對他所造成的瞬間的睡眠失神那就是他弱點的呈現。

「神間如觀山月圓，氣定若聞海風呼。」

頗有所感，榮幸為之推薦。

推薦序2

闕士（筆名），西北大學碩士畢，從事醫療服務

老叟言鄙，未曾得道，伯爵先生囑我為序，婉拒不果，頑童心起，塗鴉於後：

君子之交，江湖相忘，強人所難，擾我清悠，賞一大板。

文如其人，天馬行空，擇善固執，自成一格，不覺莞爾。

內文多元，深淺不一，章節錯雜，散珠落地，得暇可尋。

漫天揮灑，繁星點綴，信手捻來，語重心長，積習不改。

天助自助，自助助人，心比天高，其情可佩，故勉為序。

闕士

前言

伯爵（作者）臉書（請搜尋「Morgan Tsai」）

曾經一再說明過下列一些事情；

1. 飛入當時的鐵幕爲毛澤東治療心臟病的奧地利醫生懷特先生對著全世界人談到保護心臟的方法就是運動大腿肌肉，他說腿部的肌肉是人類第二顆心臟，腿部肌肉的運動可以促使心臟微血管增生，促進循環和新陳代謝又有關係，關係人體健康非常重大。

2. 麻省理工學院教授 Dr. Barry Sears 發現人類飲食重要眞理；高纖維高蛋白，避免吃太多穀類澱粉（人類身體基因構造十萬年前已經底定，人類種植穀類的歷史沒有超過八千年，穀類和人體的基因結相抵觸有礙健康）。

3. 得過兩個諾貝爾獎的鮑林博士，不斷地呼籲盡量大量補充維他命C的重要性。

其他保健養生的重要原則，兩年來伯爵臉書多所提供，請自行翻閱搜尋。特別是身體健康最重要的因素就是精神上的愉悅寧定。

本書目的在於引導讀者用純眞無垢的眼睛看清世界眞實樣貌，建立正確光明的世界觀，時時處於悟道的境界中。精神恆常寧愉悅的狀態中，足以維護身心健康，過幸福快樂的人生。

星際探測，旅行者1號一九九〇年二月十四日從距離地球六十四億公里遠的地方朝地球方向拍下的照片，大家看到地球成了灰塵一般大小的藍色的點，看到這種景象的人們產生了震撼；有一些太空人從太空看到地球，產生所謂的全景效應。改變你的角度來看世界會使你的世界觀人生觀起了變化，許多當代科學的書籍也給予我們不同的角度不同的思索來看世界，作者這本書以另外一種非常獨特方式爲讀者提供另外一種觀點角度來看凡塵世界，終以清澈無垢的眼睛得窺每一塵砂世界都呈現驚奇奧妙的面貌。每一瞬間個人與自然天人合一的超然境界之中建立超越生死一切煩惱的光明世界觀，請留意鑒賞。

本前言冗長而且許多重複，但是仍然需要仔細一一詳讀。本書使用淺顯語言與普通常識，引用若干通俗科學知識，爲讀者去除普遍主觀的蒙蔽，展示世界客觀眞實的神奇奧妙的面貌，如此光明的世界觀可以超越一切瑣碎，乃至於生死苦惱問題，進入超然愉悅的境界，有益身體健康，茲事體大、不可不知。

本書目的在於為有心人解惑出迷津，度盡一切惱苦。

作者寫作並出版此書與經濟活動無關（作者別處賺錢有方，錢夠花用）與展示學問無關（本書內容並無展示任何學問，中學聰明學生可讀）。歡迎撇開所有瑣碎枝節，用心研讀全書，必能有所重大啓發。

可以先清楚這本書大致的狀況，再評估決定取捨，性好頂嘴的學生更是歡迎閱讀。

本書第一篇至第十三篇每一篇各具獨特的精華，各篇之間相互關聯成為整體（例如第十三篇不夠清楚之處可以從第九篇和第十篇得到非常明白的說明）。第十二篇較為獨立發展。（本書作者預定此書付梓之後，另一本較為深入的著作同時出版，該書將把本書第十二篇內容作明白禪釋。）第一篇請列為首要。

一到十三篇每一個部分都值得細心研讀，直到徹底領悟為止。假如您非常排斥閱讀，那麼建議先略過所有其他的部分，鎖定第一篇「從身旁細瑣事物中領會世界神奇奧祕的本質」徹底弄清楚，然後陸續深入參考其他各篇。假如讀者所關心的是佛教的部分，建議以附錄1「緣起、三法印、唯心唯識」到第七節為主，短短的十一頁部分文字細加玩索，直到眞正徹底理解為止，以上兩部分初步總結；可以視之已經獲得極為重要的領悟、稱之為悟道，涅槃也不爲過。但是請繼續研讀其他各篇，繼續精進。佛教的部分附錄2第八章「觀法在法」具有重要的參考價值，請勿錯過。

本書第一篇用常識語言明白說明，爲讀者去除蒙蔽，每一瞬間體驗感覺到世界，包括身旁每一細瑣事物的發生與運作都充滿了魔法般神奇奧妙的驚奇，直接瞬間體驗觀賞世界神奇奧祕的本質。時時刻刻處於一種神奇奧妙的超然境界之中，建立起光明正確的對於宇宙人生的看法，身心健康愉快或幸福美滿的人生。本篇爲本書最重要的一篇，徹底了解此篇將給予你極爲重大的啓發。

本書附錄1到第七章止，有關大乘佛教三法印等等核心教義說明是專爲絕大多數無神論者自我救贖解脫愼重參考閱讀之用。

大乘佛教描述一個隨因緣不斷變化（諸行無常），（也因此）沒有個人自我，沒有任何有形無形的實體存在（諸法無我）的現象的宇宙。就是所謂的諸法實相，（也就是諸法空相，隨因緣變化沒有實體自性的空）。既然只是變化的現象（精神現象，佛教是唯心論），因此沒有個人自我，沒有任何種實體的存在，既然沒有自我和任何實體的存在，當然也就沒有任何可以生滅的實體，沒有個人自我實體的生與死，一切都在變化狀態中的精神現象的世界裡面和合而不可分開（天人合一）。看透上述如此的諸法實相，諸法空相的事實，人可以超越生死苦惱，度一切苦厄，到達涅槃的境界。

然而現代人可以用當代普通科學知識和普通常識來明白解釋大乘佛教的諸法實相這一部分就是附錄1開頭的內容。這些內容一樣足以讓讀者達到涅槃的境界。

作者再度重複交代：本書第一篇和附錄1爲首要優先徹底透徹掌握理解的部分。

如果您很不喜歡閱讀，至少前面所說的那兩個部分您務必要把它搞清楚，清清楚楚透徹了解，就等於這一本書精華濃縮版，如此同樣可以達到一部分重要的目的。其他各篇都具有重要的特色，彼此也可以互相關聯。每一篇雖然簡單明瞭，但是同時保持非常的透徹而且完整，每一篇都展示作者獨特的心得，別處所看不到的非常重要的精華。提醒各位好好重視，好好研讀。

「簡單才是最經濟、最優化、最省力、最準確的思維法則，具有普遍適用性。任何問題的複雜化都是因爲沒有抓住最深刻的本質，沒有揭示最基本規律與問題之間最短的聯繫，只是停留在最表層的複雜性上，反而離解決問題越來越遠，最簡單的往往是最合理的。」

「簡練才是眞正的豐富，只有最簡單的東西才具有最大孕育性和想像空間。捨棄一切複雜的表象，直指問題的本質，這種思維的可貴之處是因爲它直戳現實中的這麼一點點病態；今天的人們往往以爲掌握了知識，（往往是假知識）而喜歡將事情往複雜處瞎胡搞。」（引號裡面語句乃引用自其他書籍。）

本小書內容蘊涵精微而且關鍵性的重要，尤其筆者以居高臨下的實力，牛刀割鷄之勢，寫出來的這本簡單明瞭，透徹完整，澄澈透明的小本天書，提供讀者用心研讀，可以預期思想智慧上面突破性的超越與蛻變。

請先瀏覽整本書的目錄，每一篇都有它至爲精微的成分，值得仔細用心研讀，一直到確定完全心領神會，感覺深受啓發爲止。不可遺漏任何一篇。唯一的例外就是第十二篇「從知覺模型假設到上層科學理論假設模型的創構」較爲概略，尚待進一步禪釋清楚，請參考同時出版的另一本書。

大乘佛教的核心思想其實非常簡單明瞭，它給一般人那種深奧，神祕，複雜的感覺完全是被一些不懂又要多嘴的人弄出來的。

爲什麼筆者要跑出來談大乘佛教的思想，理由有很多，其中最重要的理由是：它能夠觀察出事實的關鍵，所以大乘佛教講出來的事情非常雄辯，筆者認爲它是無神論者自我救贖超越生死，自我解脫一切苦厄的最高明的方法之一。在筆者的感覺，絕大多數的人骨子裡面都是無神論者，雖然表面上各自表述，但是骨子裡面大多數都是無神論者，更糟糕的是，那種無神論者是唯物機解論那種荒涼絕望的無神論者，佛教的無神論是一種精神現象的無神論，沒有那麼荒涼，它甚至可以帶領人進入涅槃的境界超脫生死一切苦惱。

本書附錄1開頭作者用日常平常語言說明了大乘佛教核心的思想，已經足夠，可以停在這裡，你可以在這裡宣告你已經涅槃！

該說的都已經說得很清楚，這裡再提供一種最簡單最重點的說法請參考。十七世紀法國哲學家笛卡兒他說到；我思想所以我存在（I think therefore I am）。後來的蘇格蘭哲學家休謨和更後來的英國哲學家羅素等等一大票的人都以一種顯而易見的常識性的見解指出來；我思想並不能證明我存在，只能證明有思想這種現象正在發生進行而已。這個理由很簡單不須在這裡花費唇舌辯論這些事情，只有思想這種現象，沒有自我這種實體的存在，這個想法就是佛教所說的無我的說法。只有思想現象，精神現象這些宇宙的現象，沒有個人實體的存在，你說金山存在，你想像金山存在，並不代表眞正有金山的存在，你認爲你自己自我的存在，那是你的思想營造出來的假象，事實上只有精神現象的呈現與進行，精神現象是整個宇宙現象的一個部分不可分離，既然沒有個人自我的存在，就沒有可以生死，生滅的主體。小乘眾生就滿足於如此的想法，大乘眾生進一步證明所有有形無形的事物都沒有實體自性的存在，所有這些事情本書裡面都已交代清楚。

以上這一段請仔細玩索，徹底領悟爲止。

伯爵用普通語言明白解說大乘佛教核心思想諸法實相，也就是諸法空相的內涵，伯爵特別交代這樣的了解已經足夠實用。但是佛教經典的核心的思想卻不是用這種方式得到，他們是從各種不同的種類，不同的層次的所謂的禪定內觀的過程中觀察體驗出來的，古代印度人包括佛陀，各菩薩在內，諒他們不知道地圓的事實，不知道自己身體裡面各種器官的狀況，簡而言之他們的知識非常的素樸（naïve）。印度人在那種非常素樸的知識程度之下，他們也有他們非常特別的一套，那就是他們禪定內觀的體驗那一套。

笛卡兒開啓近代哲學三百年認識論苦苦的爭辯，一直到康德甚至到康德之後他們使用通俗語言在論述，其實他們一直困擾幾百年，就個人所知道的，所涉獵過的書籍並沒有看到對他們的問題曾獲得明確的解答清楚。羅素他的西方哲學史是一本非常重要的書籍，他寫這一段時間哲學的發展寫得非常的清楚明白，建議你們看他的書（筆者臉書曾有一系列貼文，明白說明笛卡兒到康德的哲學發展過程，對康德有相當的說明請看前言最後部分），但是他自己本身其實也是沒有辦法脫離困惑走出迷宮，當他評論那位主觀唯心論巴克萊主教的時候，他給我的感覺是他充滿了困惑。我這本書前半部將會讓你們了解，至少主觀唯心論在說些什麼，在這一個部分裡面我用我自己的方法提供你們非常接近解決的想法，但是徹底的，要講清楚需要頗爲專業的水準，認識論的問題最後筆者自己突破困境出迷宮，環顧四周看不到任何人曾經從迷宮裡面脫困，能夠進入迷宮已經表示他有相當的能耐，大多數的人其實完全不得其門而入，首先讓你們了解這件事情。有部分佛教經典對這方面的問題論述起來一大堆文言文術語，而且內容非常素樸天眞，浪費大家的時間，對於唯心唯識的想法作者是從西洋人的哲學和科學知識裡面得到認識的，在這個前言的部分我只是想要指出來大乘佛教他們禪定內觀的方式來直接體驗「照見」唯心唯識諸法實相（也就是諸法空相）的可能性。這一部分在這本小書的中間過後偏向後面的地方有提供說明。

第一篇和第九篇在於就普通科學常識做細心的玩索，進而對世界產生進一步深刻的認識與領悟。最重要的部分在於這兩篇。第十篇爲第九篇的補助說明。

第四篇以實際經驗事實的陳述，爲鬼神存在的事實作一直接了當、單刀直入的斷言，徹底免除非事實經驗的、純言詞與理論臆測的、隔靴搔癢式永無結論的無止境論辯。

其它各篇亦各有其獨特的旨趣，值得分別加以玩索。

本書前面部分主旨內容在於提供一種簡捷明白，超越一般凡俗又能合乎科學常識的一種觀點來觀賞與體驗周遭世界與人生，以此可以開闊心境，安定心神，健全心身。

本書特色之一在於免除許許多多無謂的哲學與宗教的長篇大論，無謂的閱讀鑽研，乃至於避免一些常見的迷思迷信，偶像崇拜，省去徒勞無益的麻煩與操勞，將省下來的能量用之於眞正有價值的經濟或鑑賞等等的活動上面，開拓美好的生活領域。

無論如何，本書重點不在於科學常識的介紹，而是另有非常獨特的透視觀點的鑑賞剖析。

各種佛教思想的典籍與有關論述，往往由於古文言文術語的障礙，加上本質上關係到禪定內觀的領域，往往給人高深莫測的假象。

事實上佛教的核心理論是單純一貫的，相對於當今文明發展的知識水平，它甚至幾近於素樸的天眞，只要給予適當的解說，一般人不難加以完全的明瞭與掌握。

愚蠢的人膜拜佛「學」，聰明的人「利」用佛「學」（「利」字加了引號——各種不同的「利」）。

本書附錄1、2短短篇幅提供輕鬆閱讀，迅速全盤理解大乘佛教核心理論，進則藉以解脫生死以及人生各種憂懼、痛苦與煩惱，退則超然於各種佛「學」有關論述的困擾之外，一勞久逸，暫費而永寧。足供佛教徒與非佛教徒多方參考比較之用。

本書附錄1爲三法印的解說，三法印是佛教核心理論，用以印定一種說法是否合乎佛陀本意，凡合於三法印的說法就是合乎佛法，在本篇中我用各種日常事象作例釋說明，清楚明白說明三法印究竟是什麼，因此也等於說明了佛教基本核心理論的內容。

所謂托勒密謬論（Ptolomaic fallacy）此一詞彙是得自於天文學家托勒密對宇宙的描述，托勒密很精確的描述到的現象，但事實上卻是錯的，換句話說，太陽「似乎繞著地球轉。」你可以據此發展出一整套宇宙學理論，不過太陽其實沒有繞著地球轉，不管看起來多麼像。

托勒密以違反事實，甚至與事實正好相反的理論作爲前題進行推論，得到的結果是層層交纏繁雜的星球互相運作關係的圖像。

如此的複雜奧祕與晦澀由於哥白尼以及之後科學家八大行星繞日運行的眞相之揭露得到消除；回歸到井然明白的事實圖像。

以錯誤的或不全的知識作爲推論的前提去推論與描繪事實圖像，往往得到的是龐雜、煩瑣、晦澀曖昧、諱莫如深、難解艱深，甚至光怪陸離的結果（前提已潛在困惑，結果當然艱深難解）。

下面這個非常簡單的實例可以類比說明一件重要的事實。

人類不知地圓事實之前，以地平的想法作爲前提來理解，解釋世界各事象，也就是戴著地平的眼鏡看世界（正如托勒密戴著地球中心論看宇宙一樣）。戴著地平眼鏡看世界的結果是越看越複雜，越神祕也越深奧，舉最簡單的一個例子，地面上或海面上往固定方向一直前去，有沒有最後的盡頭？如果有，那盡頭的外面又算是什麼？地底下一直下去有沒有最底下的盡頭？如果有，那麼盡頭的下面又算是什麼？這是令那些以地平為前提，戴地平眼鏡看世界的人每一想起就要神經衰弱的煩雜神祕深奧的問題。

戴有這種地平眼鏡的古印度人，他們以地平的理論作為前提所得到的結論是，大地的下面是大象扛著，問他大象由什麼支撐？回答的是大象站在烏龜上面，再問他「烏龜的下面是什麼？」印度人說他累了，請改個話題。

地圓的事實的揭露去除了上述地平前提所導致的一些繁瑣艱深困惑與神祕，乃至於光怪陸離的結果。（還有很多的例子可以舉，此外，請不要太過嘲笑古人，今天一般人想到空間有無邊界，時間有無起始等問題時是否同樣難免有一點想要神經衰弱的感覺？）

上述種種的艱深神祕源自於前提知識的錯誤（地平）或不全，地圓如此簡單明白事實的揭露就化解了如此的種種深奧神祕（上面這一段文字取自本書第三篇的部分內容）。

且藉用上述這個子例來類比說明一件值得留意的事情。

托勒密謬論是科學上所犯謬論，其解決也是科學上解決，全都在科學的與常識的語言範疇之內進行。

可是不少所謂的哲學或宗教有關的哲學書籍，冗長的論述、內容煩雜、晦澀，尤其引經據典古文言文術語，外國語文註解，給人博學深不可測的印象。（法蘭西斯培根說過：「聰明的人運用學問，機巧的人蔑視學問，愚昧的人崇拜學問。」）

就我個人的認知，此類書籍不少犯的是有如上面所述的：錯誤或知識不全的前提所作推論出來的結果——才會如此的煩雜、糾纏困惑難解。

尤其更值得留意的是，此類形而上式的哲學論述，他們另外又犯了語言違規的使用。簡而言之，錯誤與無知使他們胡說，所說的長篇大論沒有對或錯的問題，只是沒有意義。簡而言之，一種語言的誤用（另一部分專業哲學家可謂耗盡精力在釐清語言誤用的問題）。

前提知識不全或錯誤、語言的誤用再加上故弄玄虛，以此大作推論，往往就此製造出一大本一大本的書。特別見於部分的哲學，以及和宗教有關的哲學，具體的說一件，不少論述佛教的書籍就是如此。

筆者祖父花不少錢在一座山頂上蓋一間寺廟，從溪流裡面切割巨石從山下石階開始做道路通往山上的寺廟。從小到大，筆者看到周遭親友或者不認識的平常人與知名人士，從書本上看到很多的人在膜拜佛教教義，這些人士花費巨大的時間，精神以及金錢在這上面，筆者同時發現這些人事實上陷入迷信迷思的狀況裡面不能自拔，筆者很早就發現佛教的核心教義其實非常簡單，以當今的知識水平來看待，可以說他們是非常的素樸（naïve）。筆者同時發現大乘佛教核心的教義具有解脫普汎眾生精神煩惱的功效，特別是普汎無神論眾生的黑暗煩惱痛苦具有相當的效果。

原先這本書的目的就是在於提供淺見，讓人們去除主觀的蒙蔽看到世界奇妙的眞實樣貌，可以產生一種高度領悟的精神狀況達到神情愉悅寧定的恆常的境界。佛教核心教義和本書有若干同質性之處，因此在這本書的後面附錄的部分加上了佛教的內容。

當這本書送出版公司編輯排版完成，總編表達意見提供參考，建議去除後面佛教的部分，理由多端無需細述。經過考慮之後決定採納編輯的意見將已經排版完成的有關佛教部分刪除大部分，未刪除的部分可見之於本書目錄附錄1。

付印之前，編輯略爲表示意見說本書第二篇「量子纏結」非常精彩，希望這一類的文章多一點。本人立刻回答編輯部如下的內容。

本書第二篇「量子纏結」，全部取材自十多年前美國國家地理頻道科學新知節目裡面的內容（當時在電視節目上公開播放）。國家地理頻道科學新知節目每一單元接近一個小時，經常有當代有關創造發明的學者本人現身鏡頭講話，例如發現希格斯粒子的希格斯就是一個例子。

本書不在於通俗科學的介紹，僅只取材「量子纏結」部分有關內容用於爲本書主旨內容提供生動精闢的例示說明。

目錄

| 第一篇 |

從身旁細瑣事物中領會世界神奇奧祕的本質

愛因斯坦曾說過：「我們所能體會的最美最深的情感是神祕感，不會稀奇和驚服的人，雖生猶死……」

「無限高超的神明，在我們脆弱的心智所能覺察的細瑣小事上顯示祂的存在。」

本篇從身旁瑣事和普通常識世界日常經驗觀察中體驗世界驚奇奧祕之本質，請細加玩索。

本篇焦點不在於通俗科學的介紹，而是在於標題所示的內容，值得細加玩索領會。

要深切理解本篇，請務必參考附在本篇後面的補充說明。

即使讓我們處身在科幻與神話裡面，久而久之也會因爲過於熟悉裡面的情況而失去了對它的驚奇感。

我們所經驗的這世界，包括發生在身旁的每一細瑣事物，本來就彰顯著魔法般神奇奧妙的本質，只是由於我們對它太熟悉而麻痺了應有的驚奇感。

我要我的手舉起來，它就舉起來。黃色的泥土長出綠色的草，綠色的草開出紅色的花。只要細心加以玩索，我們就可以發現，我們身旁每一細瑣事物所彰顯出來的是一種眞實的魔法，彰顯著世界神奇奧妙的本質。這驚奇不僅只是心理上的，而且是理論上的。

只要驅除主觀心理上的蒙蔽，我們就可以開啓慧眼。欣賞每一事物的神奇，自一舉手投足的奧妙，而進入一種奇妙的境界。進而建立光明與信仰的宇宙觀與生死觀。

一、心理的驚奇與理論的驚奇

數學與邏輯的演繹推論往往得到令人驚奇的效果，例如一個學生解一個數學題而得到一個令他驚奇的結果。這驚奇就是一種心理上的驚奇的一個例子。因爲無論結論如何地迂迴，令人驚奇，然而，一切的推論過程與結果都早已被蘊涵在我們所設定在先的公設前提之中，因此那驚奇只是心理上的，不是理論上的驚奇。

理論上的驚奇與此不同，簡單說明如下，我們分析「獨角獸」這名詞就可知道它所意指的應當是頭上長的是一隻角而不是兩隻角的動物。可是無論怎麼樣地去分析「芝麻開門」這一串字或聲音，卻絕對分析不出門隨之而開的這個結果。「芝麻開門」與「門應聲而開」這兩件事，是活生生魔法般地連結在一起的不同事物。兩者的連結只是事實，歸根究底，無法加以分析與解釋，因此它是魔法不是魔術，它所呈現的驚奇是理論的，不僅只是心理上的。

二、眞實的魔法

「芝麻開門」是故事中的魔法，我們來談談一些眞實的魔法。

我要我的手舉起來，它就舉起來。這是一件非常平常的事情。然而，想要手舉起來這意志是一回事，它是屬精神上的。而手聽命舉起來這動作卻是物理的。無論給予怎麼樣的解釋，找到這兩者之間的中間過程，機制或關係，也只不過把問題推後一步而已。因爲用來解釋此一事實的各種事實，本身也是一些事實。無論這些事實如何，最後還是無法避免兩種不同事物（心與物）之間習慣性因果連結的事實。最後都無法避免面對精神與物理之間的奇妙關係和解釋的鴻溝上去。這與前面所說的魔法，理論驚奇的形式是一樣的。

一個人每次拿鏡子來照，鏡中實實在在地出現自己的面像，這不也是一種魔法嗎？人們當然不會把鏡子看作魔法。原因是，即使它是魔法，但是平時看得多了，司空見慣，驚奇感早就被蒙蔽了。除此而外，人們總是認爲平面鏡成像是可以加以科學的解釋的。人們還認爲：一旦被科學事實所解釋，它就不再令人驚奇了，其實事實不是如此。

解釋一件事實必須借用別的事實。一件事實由許多其他事實所解釋。我們由一件事實轉移到別件事實，也就是由一件魔法轉移到另一件魔法，由一驚奇轉移到另一驚奇，最後無可避免地還是要面對一些魔法般的事實與驚奇。

解釋平面鏡成像至少要用到光的反射定律。

光的反射定律說：光波照射在一物體的表面上，一部分反射回來。反射光線與入射光線與法線必定在同一平面上面，入射角必定等於反射角（多麼匀稱，多麼奇妙！多麼「魔法」！），用來解釋平面鏡成像的此一魔法般的事實本身何嘗不是一個魔法的例子；只要採取某一角度射入光線，必可預期從另外某一角度射出來反射光線。這也是眞實魔法的實例。（費馬最短光程原理可用以解釋光的反射與折射等定理，而量子電動力學可解釋費馬最短光程原理以及各種光學原理，全都是事實在解釋事實。）

要解釋平面鏡的成像，除了光的反射定律此一眞實魔法之外，還有光在空間中傳播、各種色光的呈現、感官與頭腦等的作用，所有這些無一不是非常微妙的眞實魔法。

平面鏡照出自己面像的此一眞實魔法固然得到解釋了，可是用來解釋它的科學事實仍然還是一些眞實的魔法。即使我們找到了中間的過程或機制，分析到最後，面對的仍然是一些眞實的魔法。

表面上看起來，自動門與芝麻開門，或電視機與算命家的水晶球之間，本質上不同，前者可以用科學原理加以解釋（光學、電學與機械原理）；後者只是無理的慣常關係（叫芝麻開門，門隨之打開）。事實上兩者最後所面臨的同樣都是一些恆常不變規律性的因果連結，其形式是相同的。只是神話與科幻故事的因果規律連結是想像虛構的，而眞實世界的變化與因果連結是事實的。這是兩者的差別。讓我們想像我們生活在神話般的世界裡面，而且我們具有神仙的法力，唸符咒可以移山倒海，施法術可以騰雲駕霧⋯⋯。

在神話世界與科幻世界裡面，我們由生疏與驚奇變爲熟悉與平淡，且知道如何施法術起變化，如何玩科幻魔術。然而，施法術與念咒的動作是一回事，隨之而來的移山倒海或騰雲駕霧的動作是另一回事。嘴念「芝麻開門」是一回事，門眞的應聲而開是另一回事。老是如此屢試不爽。至於爲什麼前因總是跟著後果，我們不知道，神仙也不知道，只是玩成習慣罷了。從練習中學習，並習慣了如何玩這種法術。但不知道也不能追問它爲何如此，爲何屢試不爽。作爲原因的「芝麻開門」與作爲結果的「門應聲而開」，兩者之間只知是一種習慣的連結。即使你可以在「芝麻開門」口令和「門應聲而開」兩件事之間找到中間的過程、機制或關係，也只不過把問題推後一步而已，最後面對的還是兩個事件之間習慣性連結的事實。

太空人與地球能夠通話的此一眞實魔法，必須用到許多其他事實來加以解釋，其中之一就是電磁波在眞空中傳播的事實。然而，這一事實仍然還是一件眞實魔法的實例。

讓我們再舉自動門的例子！

現今的科技要做到眞正的「芝麻開門」的裝置並不難。保險櫃辨識特定人的聲波而應聲開啓等。普通商店與辦公室自動門的裝置不就是芝麻開門的另一種眞實例子嗎？然而，儘管我們可以很容易地使用一些普通科技原理來解釋這自動門的開與關，但是，正如前面所說明的，我們雖然找到了「人走近」與「門開」兩者中間的機制或過程，也不過把問題推後一步而已，最後面對的是一些兩兩事件之間魔法般連結的事實。

用來解釋「自動門」等設置的這些科學事實與原理的本身，同樣免不了都是一些魔法般神奇的事實。

事物所具有的魔法性與理論驚奇性不會因爲被解釋而消失。

我們所能觀察到的事物中最爲人所察覺到的就是生命與精神現象的神奇性。許多人基於一種唯物機械論式的迷思，往往以爲這些生命與精神的現象雖然神奇，但可以加以機械或物理的解釋，將生命與精神的現象完全化約爲物理的或機械的事象，同時將生命與精神現象的神奇性解消於他唯物機械的框架裡去化爲烏有。

事情眞如此單純？固然生命的現象與精神的現象，部分可以由物理與機械的原理加以「解釋」。然而，無論如何解釋，這生命與精神的現象卻不可能就此消失，它依然存在。

人必須進食補充能量才能活動，才能思想，可是如此並不表示思想就是能量。

生命、精神、物理之間的相互解釋的結果，不曾消除生命與精神的本質，可能反而使得我們的了解中，物質增加了生命性與精神性，而且使得生命與精神多少增加了物質性。

事實不會因被解釋而消失。事實的魔法性，它所呈現出來的理論上的驚奇性不會消失，但可以被蒙蔽。正如存在於面前的一樣實物，雖然沒有消失，但人卻可能自己沒看到它。我們只要去除主觀心理上的蒙蔽，就可以領會到眼前魔法般的事物及其所呈現的眞實理論上的驚奇。

接下來我們要談的是驚奇感的蒙蔽問題。

三、即使是神仙與科幻的世界，也會因爲熟悉而使人對它失去驚奇感

再新奇的魔術或把戲，看久了都會因爲熟悉而覺得平淡無奇。我們之所以把一個神奇

奧妙的世界看成平淡無奇，理所當然，可能就是基於相同的理由。我們可以想像夢遊神話故事裡的仙境，進出神仙世界，並與神仙往來，學習各種仙術：念符咒可以移山倒海，施魔法可以騰雲駕霧。起先我們會感覺很新奇，像變魔術一樣神奇。可是漸漸地，裡面的各種動作與情況熟悉了，久而久之，念什麼咒、施什麼術、起什麼變化、得什麼效果，都已習慣了。這時候原先的神奇感逐漸消失而趨於平淡，一切都被視爲習慣的，本來就是應當如此的現象。特別是，假如讓一個人從小在神仙的世界裡面長大，他更是不會感受到神仙世界的奇妙。因爲他已經由於習慣而麻木了。所以，即使再奇妙的神仙世界（仙境）也會因熟悉與習慣而使它失去神奇感。我們可以想像：假如讓我們突然進入科幻小說所描述的世界裡去……相信所經歷的心理過程也是一樣的，就是由生疏驚奇，而變得熟悉平淡。想像一個向來與文明世界完全隔離的野人，讓他突然進入我們今天這個科技文明的世界裡。當他看到電話、電視、電梯、自動門、飛機等，他也一樣有如置身於科幻的世界裡面，感到無比的驚奇，直到他因熟悉成習慣而麻痺了原有的驚奇感。

發生於我們周遭的平常事物以及常識科學原本比神話更神奇，但是由於從小身在其中，長久耳濡目染麻痺了應有的驚奇感使我們感受不到驚奇。

四、改變平常觀察的角度來看這世界，可能因生疏而保持驚奇感

讓我們再以另外一種方式舉例說明類似的情形。太空人對他們平時所長期居住的地球並不特別感到驚奇；直到有一天乘坐太空船升上太空，從高處俯視地球，新奇的經驗立刻使他們感到驚奇了。

下面是兩個太空人的描述：

「當你到遠太空上面的時候，遠遠地看那地球，就好像一株美麗的花花綠綠的聖誕樹，懸在那一望無際、黑漆漆的太空中。它小到似乎伸手就能摸得到。」

「從一萬八千哩高空俯視地球的景況實在是我所看過最美麗的景色——一顆由湛藍的海水，白雪和棕色的泥土混合起來的珠寶，懸在黑漆漆的太空中。看起來像水晶一樣。」

同樣的，地球上多采多姿的景象與太空艙中無重狀態同樣都是眞實的。太空人對平時住慣的地球並不特別訝異，可是當他初次經歷太空艙無重狀態的經驗時，他們感到無比驚奇。只因太空艙的經驗新鮮，還沒有因熟練而麻木罷了。太空艙裡面，「在無重量的狀態下工作是件不可思議的事情，很難描寫，我只能拿清水來比喻；整個人都是浮著的，沒有上下之分，也就是說我們失去了方位。這種情形使我們足足三天才能適應。後來到了月球

上，月球的地心引力只有地球的六分之一，但是對在四天無重力狀態下生活的我們來說已經舒服得多了。如果你要在太空艙裡面移動的話，只要動一根手指，就可以使你整個人由這一邊飄到那一邊去。頭一天，我們用力太大，常常彼此撞在一起。除此以外，所有的東西都必須安置得好好的，否則會飄得到處都是。我們吃的湯也是不同的包裝，喝湯也需要些技巧，這些粉狀的湯也是裝在塑膠袋裡，上面有一個封條，先把水調進去，然後把封條撕開，你如果撕得太快，裡面的湯便會跑出來，變成球狀，飄在空中，滿艙都是，很難清理。湯準備好了，可以調羹來吃。可是你的手要小心，稍微抖動一下，湯也會飄在空中，變成無數的水泡了。如果遇到這樣的情形，就是快拿一條毛巾，把空中的水泡清除乾淨。」

同屬眞實的世界，太空人對簡單的太空無重經驗與月球上面的景物感到驚奇。然而對變化更多、更豐富、精采百倍的地球上的景象與經驗卻不感到驚奇。小孩看見磁鐵相吸或相斥，吊起來的磁鐵老是指向固定的南北方向而感到驚奇，可是對石頭落地（這也是物體相吸的一個例子）的現象卻不感到驚奇。只是因爲前者還沒有因爲熟悉而蒙蔽了驚奇感，而後者則因爲司空見慣，因爲過於熟練而蒙蔽了驚奇感。

平常看小昆蟲在小草叢裡面活動，一點不足爲奇。想像那科幻電影的情節：人縮小身軀到了比螞蟻還小的尺寸。以不同的觀察角度再來看看相同的這些小昆蟲與小草叢，此時所展現的，可能是無比令人驚奇的場面：小四腳蛇如今變成大恐龍般在巨大草叢中排山倒海而來；小小的螞蟻變成無比巨大而可怕的機械怪物，一舉舉起比牠身體重幾十倍的物體而健步如飛。

顯微鏡下所看到的一個生疏的世界：彩色、晶瑩剔透的晶體或微生物的世界令人驚奇。

把觀察的鏡頭轉向另一個生疏的海洋世界，許多奇形怪狀彩色的魚蝦令我們感到驚奇。

由於熟悉使我們蒙蔽了驚奇的感覺，因此當我們改變一下觀察的角度來看這世界，來看看一些生疏的景象，可能會保持著原有的驚奇感。

同屬自然的現象，上面所說的每一件觀察事實並不比我們日常生活中，身旁接觸的一些細瑣事物來得更奇妙、更豐富。它們之所以引起我們的驚奇只是由於還沒有因熟練而蒙蔽了驚奇感罷了。

五、科學事實的神奇感的麻痺

試舉通俗科學書籍裡面常提到的幾個例子：

（本篇焦點不在於通俗科學說明，尤其本篇是將近二十年前所寫，此處所引的資料非常局限，可另外參考所附國家地理頻道《科學新發現系列》。參考第二篇）

雙胞胎的詭論：太空人旅行歸來之後（假設太空船以接近光速的高速度飛行），要比他的雙胞胎兄弟年輕。這是狹義相對論推論出來的一種結論。

反物質：「宇宙間應存在有以反質子、反中子爲核子，其外殼環繞著正子（質量與電子相等、惟帶正電荷）的反物質元素，自反氫以至於反鈾，形成一系列反世界，其中也有反人類生存；但反世界與世界絕對無法遭遇，否則彼此毀滅，並轉化爲能（稱之爲物質全滅）。此一觀點爲英國物理學家狄拉克於一九二〇年代所預測，一九三一年安德生在宇宙射線中發現正電子而獲得初步證實，今狄拉克的理論已推廣及所有粒子，每種粒子均有反粒子的存在，即爲反電子、反質子、反中子、反微中子、反介子、反超子等粒子，總稱爲反粒子。」（引號裡面的文字節錄自 Colorama 二十一世紀彩色百科全書，出版：民國七十年十一月，不是科幻小說的情節。）

雙胞胎詭論與反物質等可能事實，看起來沒有變得像發生在周遭的事象麻木一樣而失去驚奇感。是活生生的一些眞實魔法的實例。然而，我們也可明瞭上面所述兩可能事實之所以令人驚奇，不可思議的原因在於我們對這些可能的事實還很生疏，還沒有因熟悉或司空見慣而麻痺了我們驚奇的感覺。

我們可以想像：假如雙胞胎詭論與反物質的現象明白發生於我們日常生活周遭環境之中，使得我們長久被薰陶、被訓練，相信最後也會因熟悉而習以爲常不再驚奇。如同我們對日常身旁所見的自然現象一樣。請參考第二篇「量子纏結」的內容。

九大（應該說是八大）行星繞日循圓形軌道（應當說是橢圓在同一平面上！）運轉，這一類事實或許當初剛發現時令人驚奇，然而人們今已習以爲常。今天用來解釋這些現象的古典物理的基本定理由於太過於被人所熟悉的緣故，已經被人們視爲理所當然，不足爲奇。

再簡單明瞭不過的物理定律如牛頓的第一運動定律：「物體如不受外力（合力爲零），則靜恆靜，動者依等速前進。」如果仔細想一想，它的每一個字，它所敘述的事實無一不是魔法般的奇妙。另外其他的基本古典力學原理，用來解釋上述行星繞日等現象的一些簡單明白。被當作理所當然的基本原理，事實上也是經驗上的一些奇妙事實。本質上與其他科學事實一樣，是同等的令人驚奇，一樣都是眞實的魔法一般，只是因爲熟悉的緣故，被我們視爲理所當然，不足爲奇罷了。

從令人驚奇，甚至難以置信的科學新發現，到平淡無奇理所當然的科學舊知識，到發生於身旁的每一細瑣事物，我們絲毫不感奇妙的每一細瑣事物，所有這些事物，同樣都是自然現象的一環，只要我們加以留意，將可發現它們共同具有魔法般神奇奧妙的本質，只是主觀的新奇感與麻痺程度不同罷了。

我們爲反物質的理論感到驚奇，我們同樣也可以爲身旁的每一事物感到驚奇：一塊石頭丟出去，循拋物線飛行，眼睛注視著眼前一杯清水，喝下一口清涼的清水……。

六、身旁每一細瑣事物也都彰顯著世界魔法般神奇奧妙的本質

讓我們再重複一次：一個人要他自己的手舉起來，它就舉起來，這是一件非常平常的事情。然而，想要手舉起來這意志是屬於精神上的，而手聽命舉起來這動作卻是物理的。無論給予怎麼樣的解釋，最後都免不了關聯到精神對物質的神奇奧妙的因果關係上去。一塊石頭，你不去動它，它永遠靜靜地在那裡。如果你在地面上以一角度投擲它，它便沿一拋物線飛行，而後落地。看起來石頭簡直會畫拋物線呢！（請注意，物理學即使用了很多

數學語言，還是在於描繪那眞實魔法般的物理世界的眞實情形。）

黃色的泥土長出綠色的草，綠色的草開出紅色的花，各種各樣動植物的生命百態，還有能思想的人存在。（你眞以爲這些事實很簡單嗎？）

人如能去除主觀的蒙蔽，則只要從身旁任何細瑣事物當中，甚至一粒微塵當中，他就能夠直接領會到一個設計精妙、晶瑩透澈、氣象萬千、生氣勃勃而又蘊藏巨大能力與變化的世界。舉目所見事事物物，一舉一動，都好像魔術般的神奇。平常覺得平淡無奇、理所當然的事物，只要細心加以體會，以一種純然無垢的眼光加以觀賞，自然能夠領會它的神奇與奧祕。身旁的一草一木、一個細胞、一粒煤屑、一滴汽油、甚至一粒塵砂，也都設計嚴密與神奇，蘊藏能量與變化，隱含生命與性靈的許多奧祕，並且遵循嚴格的規律，絕無草率與偶然之處。

且不談生命現象所明白彰顯的神奇與奧妙，就以那看起來最無生機的頑冥土塊或一粒微塵來看吧，它們也不是如人們直覺所想的那麼頑冥不靈。首先，它們具有一定的物理與化學性質，按照一定的自然定律而變化或運動（或不動）。仔細加以觀察，還可以發現它是由一些晶瑩的細小晶體所構成的。物理學家告訴我們說它是由微小的粒子——原子所構成的，而原子核內的質子與中子並不是靜止的而是以難以想像的高頻率在變換位置，核外的電子也以高速繞原子核運轉，事實上嚴格地說起來，許多人把原子想像成一個簡單的太陽系的模型是不對的，那次原子以下的顯微世界根本就不是我們所能明白想像的。此外，由這些活潑的粒子所組成的那外表頑冥靜止的物質的本身又可以組成那具有生命、具有思想與情感的生物體——如人的身體，或如人的腦子這種奇妙的有機體。物質是那麼單純的？是死氣沉沉的嗎？

談到虛無或空虛，則看起來空無一物的空間本身也具有它固有的物理性質。以往人們知道牛頓如何明白描述了物體在空間中遵守的運動定律。後來人們又知道電滋波（包括光波在內）在空間中傳播的定律，（空間是有它特有的性質的，請細加玩索。）其後科學家又發現了空間所具有的許多其他其妙的性質。或許那看起來空無一物的空間裡面，不知還隱藏了多少不爲人知的祕密呢！空間是具有各種性質的，就某一觀點而言，它不是「虛無」的。

看看一場球賽，或一場雜耍的表演，那用來比賽的球與用來表演的器具，人身體的運動，精神意志的技巧配合。一切都那麼嚴守固定可循的規律。因而球賽與雜耍特技表演的動作能順利進行！想想看，即使那平凡無奇的一個球，或靜靜擺在那裡的那些器具，實在不是如我們所想的那麼頑冥，請細加玩索。

人比較容易從觀察生物上的以及精神方面的現象而驚嘆於自然造化的奇妙。其實，只要他能去除心理上的蒙蔽，以一種無垢的慧眼觀看，他一樣可以看見大自然在每一平常細瑣的事物上面所明白顯現出來的神奇奧妙的本質。

世界的奧祕與神奇本來就明白的展示在我們的周遭與面前，不需捨近求遠，只是我們自己視而不見而已。

七、開啓慧眼，欣賞並體驗神奇

事物所呈現出來的魔法般的驚奇不只是主觀心理上的而是客觀理論上的。只要我們去除自我的蒙蔽，我們就可以觀賞到這神奇。

從最頑冥的土塊到能思想的人的存在，每一平常細瑣的事物也都顯現出神奇奧妙的本質。構成世界的每一微細成分無不奧妙精巧，顯現奇蹟。我們應當開啓慧眼欣賞這每一神奇奧祕的事物的發生，掌握每一瞬間，每一舉手投足的驚奇與喜悅。

八、神奇的自然蘊涵奧祕的生死

既然每一平常細瑣的事物，都彰顯著嚴密精巧的設計及其神奇奧妙的本質，則生與死的現象也不例外，兩者都在自然裡面。且不談生命所明白展現的偉大奇蹟，事實上，即使是死亡，即使是最腐臭的屍體及上面爬行的蛆，如果細加觀察，不論其形體構造與功能變化也都彰顯著嚴格奧妙精心的設計在裡面，彰顯著奧妙的自然律之運行。

我們的眼睛、手腳、大腦神經等器官的構造，無不明白彰顯著一種具有深意、具有重要功能的設計與創造。就是我們的器官所產生的每一瞬間的任一種感覺，包括紅、白、黃、綠等顏色，鋼琴、小提琴的各種聲音，酸、甜、苦、辣的各種感覺在內，也都彰顯出自然偉大創造的奇蹟。它們絕不是偶然、無緣無故產生的。同理，一切的痛與苦乃至於最醜陋與痛苦的死亡也不是偶然、無緣無故發生的。要感覺痛或苦其實並不容易，人就無法製造出一架能感受痛苦的機器。感受痛苦的一套神經與頭腦的組織與感覺快樂的組織是一樣的奧妙。痛與苦的感覺是自然深奧的設計。

這自然所呈現給我們的還有更高級的心靈與意識。如人類的頭腦，他的思想、感情、審美以及對於善惡的價值判斷等。所有這一切都是這偉大自然的一部分設計與作功。從自然所呈現給我們認識的這些偉大奇蹟，我們可以揣測這自然的整體與內在的本身，必定遠超我們所能認識的這些神奇奧妙的奇蹟般的事物。換句話說，這自然的整體或內在的本身很可能是超越思想、審美、善惡以及我們所觀察到的種種奇妙事物，而具有超越我們所想的「智慧」，值得我們信賴的。

我們以此來了解死亡，死亡與生命一樣都是自然奧祕的設計，都在自然之內，從未離開過自然。在自然裡面運行，依照自然律而運行。

鑑於我們體會到自然偉大與深奧的本質，我們可以理解，我們所看到的醜陋與痛苦的死亡，其實只是我們有限智識下的一種表面上的看法。這生與死既然在自然之中爲自然所設計，則在這醜陋與痛苦的死亡表象的底下，應該還有我們所不知的自然內在深奧睿智與大能的設計深意存在著。

對自然的奇妙與奧祕體會越深，就越能建立起光明的宇宙觀與生死觀，越能減輕對於生死背後不必要的莫名憂恐。

| 第二篇 |

簡單說明量子纏結

此處將要從國家地理頻道十多年前電視節目上公開播放的影片上面截取一段有關量子纏結（Quantum Entanglement）的介紹（影片包括：「量子力學」、「極速太空」、「大小之別」、「時間扭曲」、「太空漫遊」、「哈伯望遠鏡HD」、「哈伯望遠鏡」、「搜尋外星人」、「多重宇宙」、「太空之旅」等，非常權威，非常精彩）。僅只從中間取出這一小片斷。有關量子纏結的這一小片段，目的不在於通俗科學的介紹，而是在於爲各位指出來宇宙不可思議的神奇，量子纏結現象如果經常發生在我們的身旁，或者從小就耳濡目染，那麼這種神奇奧妙的感覺一樣會變得習慣而麻木，變成和我們對身旁每一細瑣事物那種習慣習以爲常不感覺到驚喜的情況一樣，其實身旁每一細瑣的事物本來都明白呈現和纏結現象一樣的奧妙神奇，只是因爲我們從小一出生就接觸身旁的每一細瑣事物，長久下去習以爲常，麻痺了神奇奧妙的感覺。這裡主要的在於藉著通俗科學的介紹讓各位了解這個世界的神奇奧祕其實比任何神話的想像都要神奇，同時指出來我們身旁每一細瑣的事物原本和這些科學新知所介紹的世界同屬自然的現象，本質上是一樣的神奇奧妙，有這種體認將會導正你對世界的看法。

「談到量子力學，只要曾經一窺其堂奧，你對世界的看法就會完全改觀。」

「依照波爾的說法，測量會改變一切情況，他相信在你尙未測量或觀察粒子之前，它們的特性都是不確定的。」「不妨考慮電子的某項特色，稱爲自旋，和陀螺不一樣，電子的自旋和它其餘的量子特性一樣，在你測量它的那一刻之前一般都是模糊而不確定的，」「根據波爾的量子力學方法，在你測量一顆粒子的時候，測量這個行爲本身就會迫使粒子放棄其他原本可能存在的地方，選擇一個明確的位置，也就是你發現它的所在，正是測量行爲本身迫使粒子做出這個選擇。波爾接受現實世界的本質，天生就是模糊不清的。」「電子一旦觀察它就會發現它若非以順時針方向轉動，就是以逆時針方向自旋。波爾與同僚深信不疑的量子力學，兩個互相纏結的粒子，如果你測量這裡的粒子，你影響到的不只是它，這個測量動作也會影響到它的纏結夥伴，不管二粒子距離多遠都一樣。」愛因斯坦稱這個爲「超距幽靈作用」，「令人驚訝之處在於你測量其中一個粒子時也會影響另一個粒子的狀態，你改變了他的狀態。」「二者間既沒有力量交會，也沒有滑輪或者甚至電話線，根本沒有可以彼此連接的東西，爲什麼我在這裡做出的選擇可以對那邊的東西造成影響？」「兩者之間沒有任何能夠聯絡的方法，所以這是非常詭異的現象，這正是愛因斯坦在一九三五年了解的情況（愛因斯坦一九五五年去世之前仍然堅持量子力學充其量只能對現實世界提供不完整的描述。）「……沒有多久，法國物理學家阿蘭阿斯佩發展出更精巧的實驗直指愛因斯坦與波爾辯論的核心，在阿斯佩的實驗中，唯一能夠測量出一個粒子透過訊號傳送直接影響另一個粒子的可能，就是這個訊號比光速還快！但這是愛因斯坦自己都認爲不可能的事情，所以唯一剩下的解釋就是那種幽靈作用。因此阿斯佩的實驗推翻所有疑慮，這些實驗結果令人震驚不已，證明了量子力學的數學式是對的，纏結現象眞的存在：量子粒子可以跨越空間彼此聯繫！測量其中一員，事實上會立即影響它遠方的夥伴，猶如期間的空間全然不存在一樣。愛因斯坦認爲不可能的事，也就是遠距幽靈作用結果眞的會發生。」

「這是量子力學裡面最詭異的一件事情，甚至連理解這回事都是不可能的，千萬別問我爲什麼？也別問我它是如何運作的？因爲這是個無解的問題，我們只能說，顯然世界就是這樣子運作的！」（引號裡面所講的話都是當代世界聞名頂尖大學者現身節目當場所說。）

1. 纏結現象

量子力學最詭異，最不合理，最瘋狂，最荒謬的預測方式就是纏結現象。纏結現象是預測的理論，源自量子力學的方程式。兩顆粒子接近時可以彼此纏結，之後它們的特性會產生連帶關係，最特別的是，根據量子力學，即使你把這些粒子分開，移到相反方向的位置，它們仍然算是纏結在一起，密不可分。

2. 自旋

電子的自旋和其餘的量子特性一樣，在你測量它的那一刻之前，一般都是模糊而不確定的，但只要你一觀察它，就會發現它若非以順時針方向轉動，就是以逆時針方向自旋。

一輪盤停止時隨機指向紅色或藍色，現在讓我們想像有第二個輪盤，如果這兩輪盤的表現就像兩個纏結的電子，那麼每次只要這個輪盤停在紅色上，另一個就一定停在藍色上，反之亦然，既然這兩個輪盤並沒有相連，這種現象著實相當奇怪，即使其中一具輪盤相距極遠亦然，中間無任何電線或其他傳導物質連接二者。

只要你看到這一具輪盤指著紅色，另一具保證一定值得藍色。換句話說，如果你測量這裡的粒子，你影響到的不光是它，這測量動作也會影響到它的纏結夥伴，不管二者距離多遠都一樣。波爾認爲粒子就像旋轉的輪盤，他們隨機的結果可以瞬間連動，即使跨越相當大的距離也沒有問題（愛因斯坦對這一件事情有他的解釋，但是愛因斯坦顯然是錯的，所以這裡我把愛因斯坦的想法省略掉）。

所以，如果我們接受這個世界眞的依照這種詭異的方式運作，我們有辦法利用這種纏結粒子的遠距幽靈作用來做一些有用的事嗎？人類一直有一個夢想，想要以某種方式直接將人或東西從一處送到另外一個地方去，不用經過中間的空間，換句話說就是「瞬間移動」。影集「星際爭霸戰」的瞬間移動方式看起來很方便，這似乎只是科幻故事，然而纏結現象能讓這回事成眞嗎？値得注意的是這一類實驗已經在進行中！地點就在非洲外海的加那利群島。「我們在加那利群島這裡進行實驗。因爲此地有兩座天文台，而且這裡的環境很棒。」安東札林格的實驗成果距離能夠瞬間移動他自己或任何人都還有一段很長的路要走，但是他已經試著運用量子纏結現象來瞬間移動微小的個別粒子，在這個案例裡面用的是光子，也就是光的粒子。進行情況如下：一開始他先在拉帕馬島的實驗室中產生一對纏結光子，其中一個纏結光子留在拉帕馬島上，另一個則用雷射引導的望遠鏡傳送到一百四十四公里遠的特內利非島，接下來札林格會引進第三個光子，也就是他想要瞬間移動的光子，讓它與留在拉帕馬的纏結光子作用，小組人員會研究二者之間的交互作用，比對兩個粒子的量子態。以下就是最驚人的部分：基於量子的幽靈作用，研究小組可以運用比較的方式讓遠方島上的纏結光子變成與第三顆光子完全相同的複製版本，這就有如地上可光子瞬間越洋移動，完全不必跨越兩座島之間的距離。我們可以算是提取出原本粒子所夾帶的資訊，在那邊生成一個新的原有粒子。札林格已經運用這種技術在別的地點成功瞬間移動千顆粒子。

然而這技術有可能更進一步嗎？

既然我們是粒子構成的，這種過程能讓人類瞬間移動成眞嗎？

將來很久很久以後，有一天我們可以從巴黎走進一個小房間，然後啓動設備，最後我們從台北的另外一個小房間走了出來，或者當我們乘坐太空船航行百光年遠處的遙遠太空，想要瞬間回到地球，我們從太空船裡面一個小房間走進去，啓動裝置設備，然後從地球上某一個地方的小房間走出來，這中間不需經過任何的空間，水陸，陸路的交通直接瞬間回到地球！

理論上纏結現象有朝一日可能會做到這一點，到時候我們需要的就是，位於紐約這裡的一間粒子室以及另一個與其有纏結關係位於巴黎的粒子室，從這邊踏進一座艙室，它的作用有一點像是掃描裝置，或是傳眞機，這個裝置會掃描我全身所含的龐大數量的粒子，這些粒子的總數遠超過可觀測宇宙中所含的星數目，另一座艙室的粒子也同時接受掃描，隨即產生一份清單，比對兩組粒子的量子態，接著纏結現象加入作用，基於遠距幽靈作用的結果，那份清單也會顯示我的身體粒子的原始狀態，你巴黎那些粒子狀態的符合度，接下來操作者將這份清單傳到巴黎，他們會運用這些資訊在那裡重建與我的每一個粒子完全相同的量子態，一個新的我就開始成形了。這些粒子並未從紐約傳到巴黎，而是纏結現象在紐約提取我的量子態，再到巴黎重組起來。從頭到腳，一顆都沒少！這種方式我就來到了巴黎，現在的我正是自己全然的翻版！而且最好是如此，因爲在紐約那裡測量我的所有粒子量子態的過程已經摧毀了原來的那個我，在量子瞬間移動協定中絕對需要讓瞬間移動的物體在過程中遭到摧毀，這一點可能會讓你有些擔心，我猜你變成一團中子、質子加電子，看起來一定不會太好看！

現在我們距離人類瞬間移動成眞還很遠。

量子力學主要創始人之一海森堡曾經說過：「像愛因斯坦這麼偉大的心靈在接受量子力學的時候都遇到這麼大的困難！」愛因斯坦一直到死都沒辦法接受量子纏結的理論，請先不要想要了解量子力學的內涵，他的數學並不容易，尤其他的基本理論架構，連愛因斯坦都沒辦法接受。愛因斯坦一九三五年就知道了量子纏結與量子力學有關的內容，他和波爾有過交手辯論的一段紀錄，一九五五年愛因斯坦去世，他一輩子沒有接受量子纏結的理論。

讓我們避開這些神祕深奧的理論直接用實際的例子來讓各位了解纏結的問題，請你特別留意我之所以把這個纏結的問題提出來講我的目的究竟在哪裡，請留意我最後的說明。

量子力學的方程式讓人們有能力預測原子或微粒子的群體行爲，精確度準確的驚人，沒多久這種力量就催生了許多重大發明：雷射、電晶體、積體電路，甚至整個電子領域。儘管量子力學得到這麼多的勝利，卻仍然保持他深奧的神祕面貌，這件事情我剛剛已經說明很多。

現在回到量子纏結，你們去看看前面我所說明的內容，根據那些理論說明，理論上我們有一天可以在遙遠的太空或是太空船裡面，想要瞬間回到地球，我們從太空船裡面的一個艙室進去，啓動整個設備，然後瞬間（不需要時間，不需要經過空間，水路、陸路、航空都不需要）從地球上另外一件艙室走出來，回到了地球。我們就用這種方式快速來了解纏結這件事情。

很久以前伯爵（筆者筆名）觀賞國家地理頻道一系列科學影片包括：量子力學、多重宇宙、大小之別、太空之旅、時間扭曲、太空漫遊、極速太空、哈伯望遠鏡HD、搜尋外星人、哈伯望遠鏡等。

更久以前我的其他文章，裡面我引述一些通俗科學的資料，這些資料比起國家地理頻道所看到的已經顯得落後很多，如今避免大量更動紅牛集的前提之下又要顧及資料更新的問題，我首先想到從國家地理頻道的節目摘取一點點內容加入紅牛集裡面有關通俗科學介紹的部分，我首先挑選出來的就是量子力學，特別是其中的量子纏結。

從量子纏結這一段精彩的scholarly popularization，我們可以看得出來當代的頂尖的科學家提供的有關現實世界宇宙的眞實的知識眞是比任何的宗教，任何的哲學，比任何的神話想像都要來得奧祕，來得匪夷所思。摘取這一段對於紅牛集內容將提供什麼幫助，在這裡我先簡單結束這幾次的說明。

「這世界不只比我們所想像的來得奇特，甚至比我們所能想像的還要更奇特。」

「讓一千個哲學家花一千年的時間，讓他們整天思想各種稀奇古怪的事情，他們也想不出比量子力學更奇怪的東西。」

牛頓曾經說過：「時間不斷流逝，對此我們無能爲力。」在牛頓的眼中時間就像一條流動的河流，牛頓對於時間的看法雖然合理，愛因斯坦卻看出來事實並非如此，他說過：「……我們一旦知道你的現在可以是我以爲的過去，或你的現在可以是我以爲的未來，你的現在和我的未來同樣千眞萬確，那麼我們便知道過去絕對是眞的，未來也絕對是眞的，那些可能是你的現在，也就是過去、現在和未來同樣眞實也全都一樣存在。你若相信物理定律（看愛因斯坦從自己的狹義相對論的 initial frame 推導出勞倫茲轉換定律⋯⋯。從理論的建構，實驗的驗證，一切的推論如此的確實，伯爵非常清楚）未來和過去與現在同樣眞實，過去尚未過去，未來也並非不存在。過去、未來和現在以相同方式定存。就如同我們認爲所有的空間都存在，我們也應該認爲所有的時間都存在。所有已經發生或即將發生的事全都存在，每一瞬間永恆凝結固定，時間根本不曾流動，或許時間比較像一條冰凍的河流，每一瞬間凝結固定，過去、現在、和未來的差別雖然深植人心，但不過是錯覺。」愛因斯坦曾經如此說過！（你開始錯亂了嗎？神經衰弱了嗎？）

雙胞胎詭論聽說過嗎？

伯爵再隨興介紹一小段：或許宇宙之中所有的東西，從星系到恆星到你和我，甚至空間本身，是儲存在你我周遭遙遠的二度表面所投射出來的資訊而已。換句話說，我們所體驗到的實境或許只是全像圖那種東西，三度空間是不是幻覺，如同全像圖是幻覺那樣？或許吧，我認爲我傾向相信三度空間是某種幻覺，而最終的精確實境是在宇宙表面的二度空間實境。

量子纏結現象提示的許多事情：「讓一千個哲學家一千年的時間，每天想像各種千奇百怪的事物，他們也想不出來比量子力學更奇特的東西。」

「世界不只比我們想像的奇特，甚至比我們所能想像的更爲奇特。」

「談到量子力學，只要曾經一窺其堂奥，你對世界的看法就會完全改觀。」

「量子論並沒有眞正說明事物；事實上，量子力學的奠基人很爲他們放棄說明事物而感到驕傲。他們以僅處理現象而深感自豪。他們拒絕考察現象的背後，把這看作是人們爲與自然達成協議而不得不付出的代價。歷史事實表明，在顯微物理學的水平上，曾對實在世界持不可知觀點的人是非常成功的。」〔另外一些人士，包括愛因斯坦在內，看法不一樣；「……這些人採取古典觀點，提出一理論，其中保留有客觀實體的概念。這些理論通稱爲隱變量理論（Hidden Variable Theory）。到目前爲止，沒有一個隱變量理論和量子力學一樣成功。但是誰能保證隱變量的想法永遠不會成功呢？」〕

「這是量子力學裡面最詭異的一件事情，甚至連理解這回事都是不可能的，千萬別問我爲什麼？也別問我它是如何運作的？因爲這是無解的問題，我們只能說顯然世界就是這個樣子運作的。」當代頂尖科學家談到量子纏結時候說的一段話。

第三篇

世界不只比我們所想像的神奇，甚至比我們所能想像的還要神奇

前言

1. 請看所附國家地理頻道《科學新發現》數篇的文字摘錄似已足以涵蓋本文內容。
2. 據說當今新知識的半衰期爲六年。本文寫於多年之前，所引用通俗科學書籍資料許多已經過時，因此本文所引用有關通俗科學資料頗爲鬆散，敬請留意，然而本文不在於通俗科學內容介紹，而是另有關注焦點，建議還是輕鬆瀏覽一下要點，加以參考。
3. 本篇大部分內容參考自通俗科學書籍。

從前的人不知道地球是圓的，他們地平的知識框架框不下地圓的許多事實。因而產生諸如此類的困惑：地底一直下去有沒有盡頭？如果有，那麼它的下面又是什麼？地面上一直前去，有沒有最後的盡頭？

如果有，那麼它的外面又算是什麼？等。

一個人的知識架構有它的局限性，有它適用的範圍。如果將它用到它的有效範圍外，就可能產生如上所述的詭論式的困惑。

當今一般人當然沒有地平地圓問題的困惑，可是遇到整體空間的問題時，詭論式的困惑就來了。空間有沒有盡頭？如果有，盡頭之外又算是什麼？宇宙有沒有時間的起源？如果有，那麼起源之前又算是什麼？

既然知識架構的局限性會產生詭論式的困惑（當用於它的適用範圍外時）。因此當平常一般人在空間有無盡頭與時間有無起頭的問題上，產生詭論式的困惑時，正足以證明他們的知識架構有其局限性。從而指出未知與不可知領域之存在；從已知世界的浩瀚與神奇，進而未知領域令人難以臆測的可能的奧祕與神奇，再進而指出這世界可能有人的智能所不可知的領域之存在。

現今我們所知道的與所想的，不是以往的人所敢於想像與了解的。由此推斷，未來的人們所知與所想的，乃至於宇宙所眞實存在著的奧祕很可能遠超乎我們現今的知識領域。

1. 詭論式的困惑與知識的局限性

這世界有我們所不知曉的領域之存在，我們的知識有它的局限性，有它應用的級距，將某級距範圍的知識不正當的外延出去，用以解釋某些級距之外的問題（往往都是一些宇宙根本的大問題），就是產生詭論困擾的來源。

人的所知所見，是在他「特有探詢方式下自然所展露的面貌。」然而「自然並未展現其全貌。」人類在地球上，憑感官知能所能體認的範圍，對於自然而言有其局限。執意將局限的知識應用在自然界全體，就會產生種種的困難與毛病。

下面所舉的例子，看似簡單而瑣碎，其實可以用來說明此一重要事實。

哥倫布以前的人們想不到地是球形的，而以爲地是平的，因此產生了一種詭論式的困惑：一直向前走去，有沒有最後的終點盡頭？如果有，那麼盡頭外面又算是什麼呢？地底一直下去有沒有最後的盡頭？如果有，那麼它的下面又算是什麼？這樣的困惑是由於知識的不足，或局限性所造成的。對於地圓的事實來說，地平的知識是局限的、不足的。

從前的人不知地圓的事實，也不知道地心引力，他們所持有的地平的想法是從他們局限的居住與活動的環境中學習建立而成的。這地平的知識架構有它適用的範圍，但是如果把它拿來解釋範圍外的許多觀察事實時，就超出它的適用範圍，而產生矛盾與困擾，好比大腳穿不下小鞋子。這地平的知識框架無法框下地圖事實下的所有觀察事象而窘態畢露，產生了許多困惑的詭論。

當哥倫布提出了地圓的想法時，人們還是難以理解與相信。他們疑惑：假如地是球形，則人走到球的邊緣豈不紛紛掉落球外？又，球的下方的人豈不倒過身體來？豈不一樣掉落地球外面去了？據說當時的人曾以如此的問題向哥倫布提出質疑。哥倫布有可能回答他們說：「這問題我也搞不清楚，只是我知道地是球形的就是了。」

地圓的新知解除了地平想法帶來的困惑。

後來地圓的事實以及地心引力的知識已經成爲一般人的常識，可是當時的人要改變地平的想法而理解與接受地圓的想法卻是何等的困難。

我們可以很明白地看出，哥倫布以前的人們之所以產生詭論式的困惑，一方面是由於知識的局限，世界不是他們所想像的那麼簡單；另外一方面是他們地平的知識架構有它適用的範圍，（例如用在鄉鎮乃至於縣的範圍是有效的。）可是他們把它外延用到它所無法適用的範圍去了，於是產生詭論式的困惑。這一類困惑的解答必須涉及到新知識架構的獲取與建立，從舊知識架構裡面是變不出解答的。

在無垠的空間中往一固定方向直線前去，結果有沒有最後的盡頭？如果有，那盡頭外又算是什麼？這類的問題如今仍然困惑著一般人，甚至於大多數的大學生，如同哥倫布以前的人對於地平盡頭的困惑一樣。

正如地平觀念的困惑顯示了古時候人們對於地圓知識的局限與不完全。空間有無邊界的困擾也顯示了當今大多數人們對於宇宙太空了解的局限與不完全。

同理，空間有無邊界的詭論式的困惑，使我們注意到很多人知識架構的局限性。要解答這困惑，使用舊的知識架構是辦不到的。唯有知識架構換新，建構新的知識框架才有可能解決此一困惑。

愛因斯坦的廣義相對論就是一種較一般人新的知識架構的例子，它對於我們平常人的知識架構，就如同哥倫布的地圓想法對於從前人的地平想法一樣。人們之所以難以理解相對論，主要的原因之一是他必須要去除根深柢固的原有想法框架，而重建一套陌生的知識架構。鑑於人通常是以他向來秉持的原有知識架構作爲工具或作爲依據來理解與衡量事物。一旦要他去除他用來理解事物的知識框架或工具，也就是他原有秉持的習慣想法，必定感到非常困難。

愛因斯坦的廣義相對論提出了一種無界而有限空間的理論，根據這理論，在空間中往前一直前去，理論上最後會從正後方回到原地。也就是說空間是無界而有限的。

然而，在今天，即使是大部分的大學生也無法眞正理解科學家所提出來的這種空間無界而有限的理論。

地平的困擾已爲地圓的想法所解答。空間有無邊界的詭論對某些科學家來講，或許已有他的解答方式，但對於一般人而言，困擾依舊，知識架構的局限與不足仍然依舊（廣義相對論確定性不如狹義相對論）。

至於宇宙是如何誕生或起源的？這問題則不只困惑一般人，它也同時困惑著所有的科學家與哲學家。（請參考所國家地理頻道《科學新發現》有較新的說法。）

一般人在他們平常的知識架構下來想像或解釋宇宙的起源或誕生等問題時，往往先想像一個空無一物的空間，再想像世界從這空無一物的空間裡面產生出來。如此的思考方式必定產生困擾、矛盾與詭論。因爲如此的想法有些類似於以局限的知識圖象去解釋或包含它所無法解釋與包含的世界。因爲，前面已經說過，即使是空無一物的眞空也有它特有的物理性質。（例如：電場、磁場能夠分佈於其中，光以一定的速度從其中通過等等的性質。請參考所附《科學新發現》系列節目節錄）這空無一物的空間是世界的一個部分，不能外於世界而獨存在。我們所想像的空無一物的空間是我們抽取自世界圖象的部分圖象，因此當我們想像先有空無一物的眞空，然後想像世界從其中產生時，我們把這具有物理性質的空間外於世界之外，把世界的部分圖象外於世界的圖象之外，然後再想像整個世界從這空的空間裡面產生出來，也就是說全部的世界竟然從世界的部分產生出來，如此的想像必定的結果是困擾、矛盾與詭論。

我們的知識架構仍然具有它的局限性，因此使得它不足以用來理解宇宙的起源問題，一般人不明瞭這一點，而執意去想像或解釋他知識架構適用範圍外的問題，結果就是產生詭論式的困惑。

讓我們來看看科學家對這問題的推論。

宇宙的誕生過程依然是一個謎團：一百三十八億年前宇宙發生大爆炸：

「宇宙在短短的十~四十四秒內由時空、物質不分的混沌狀態變成可區分時空、物質的領域。由於其膨脹速度太快，物質之間無法交互作用，因此，對於新生的宇宙而言，溫度並不具有任何意義。不久之後，因爲膨脹速度減緩，物質開始交互作用，此時才有了所謂溫度的概念。在宇宙誕生的初期，宇宙本體有可能因其急速的膨脹而形成另一個宇宙；換言之，經由連鎖反應很可能產生好幾個宇宙。」

大爆炸主張宇宙的誕生開始於一個高密度的點爆炸。於是有些人自然會問起：那麼大爆炸之前又是什麼呢？

科學家說，時間、空間和能量是大爆炸之後才產生，大爆炸之前完全沒有時間與空間等，當問到大爆炸之前的狀況時，等於談到了大爆炸之前的時間，但那是不存在的。因此問大爆炸之前的狀況的問題是沒有意義的。

許多人則將這個問題推給神學家和哲學家去處理。

且看一看哲學家們的說詞：

亞里斯多德認爲每一件事物必有它發生的原因，每一原因的本身還要有它自己的原因，如此一直後退下去可以追溯到一個無因之因，他說那無因之因就是神。

神學家遭遇「解釋」的無止後退：如果對事實甲的了解要靠它與事實乙、丙、丁的關係，並且對乙、丙、丁等的了解又要靠其他事實，神學家認爲這種糾纏錯雜的結論背後一定有一個自我解釋的實體。

萊布尼茲則比較高明，他認爲：凡發生的事物必有其充足的理由，此充足的理由在世界之外。此充足的理由就是上帝。

也有一些哲學或宗教試圖以一種無始無終、周而復始的輪迴想法來概括解釋此一困惑難題。

上面這些說法大部分沒有提供什麼眞實的解釋。倒是說明了一件事實：語言反映了我們的知識架構，有它適用的級距，對於語言的違規使用——用在它的有效範圍之外，其結果就是如此的一些詭論式困惑。

我們的知識（與語言）架構不足以描述有關宇宙的起源等問題，這是關鍵所在。或許這一類困惑的解答必須牽涉到新知識結構的重建，而不是舊知識架構所能涵蓋與解釋的。

有關宇宙起源的詭論式困惑，明白顯示了人類知識架構的局限性乃至於極限性。也就是說，顯示了世界比我們所想像的還要神奇，甚至於比我們所能想像的還要來得神奇。

2. 根深柢固的想法也有可能被改變

亞里斯多德認爲物體由高空落下時，重的物體掉得快，輕的物體掉得慢。他又認爲物體受外力則運動，作用力停止則物體也停止運動。我們現今平常人的想法與此不同，我們知道物體從高空落下時，無論輕重都以相同的等加速度落下。物體受外力則引起加速運動，物體不受外力則靜者恆靜，動者依等速前進。這些知識是以往的人們所想像不到的。

以往的人對於物質的了解無非是：緻密、靜態的實體。現今人們對於物質的了解已經進入到質子、電子乃至於夸克等量子的顯微世界裡面去了。物質已經不再是靜態、緻密而死氣沉沉，而是動態、充滿活力而且大部分是「中空」的（想像質子與質子或電子之間的空間）。

高能與機率的量子顯微世界的種種知識更不是以往的人們所敢於想像的。甚至連質量守恆（物質不滅）的定理都被質能守恆的定理所取代；質量竟然可以全滅而轉變成巨大的能量。這也是以往的人們所難以想到的。

我們也可以從生物學以及其他的知識領域作同樣的舉例；再根深柢固的想法都有可能被摧毀、被改變。

3. 浩瀚的時空，洋溢生命的宇宙

以往的人們不知道地球自轉、同時又繞日公轉的事實，他們以地球爲宇宙的中心，於是產生非常複雜而又說不通的天文圖象。更早期的人們，甚至把天體看成鑲滿了寶石的轉動球盤。當今的科學家能夠觀測到一百多億光年遠的銀河星系。所謂一百多億光年就是光走一百多億年之久的距離（光每秒可繞地球七圈半左右）。這些事實絕不是以往的人們所敢於想像的。

「人透過科學對自然所作的探索，帶來了哪些發現呢？據說，科學每一年的新發現有兩百萬件。在這裡，我們自是無法把它們逐一拿出來談，不過，若從理論的角度來看，科學最基本的一個發現就是：宇宙的神奇浩瀚，遠遠超過我們所能想像。」

「稍微回顧兩個有關宇宙的著名科學發現，就足以說明這一點。科學告訴我們，光以每秒鐘十八萬六千英里的速度前進。以這個速度，光每一秒大約可以繞地球走七圈。現在，你把從基督誕生那一年到現在之間的時間乘以五萬倍——不是五十倍，是五萬倍——就可以知道，一束光要從我們銀河系的一端飛到另一端，大概需花上多少時間。」

「我們的太陽以每秒鐘一百六十英里的速度環繞我們的銀河系轉動。想體會這速度有多快，你可以拿它跟火箭的速度相比較。火箭要能擺脫地心引力的羈絆，所需的速度是每秒鐘七英里。換言之，太陽的速度是火箭的約二十二倍。儘管如此，太陽還是得花上二億二千四百萬年，才能夠走完銀河系一圈。夠玄了吧？還不。要知道，跟我們的銀河系最接近的銀河系——仙女座——離我們有一百五十萬光年遠，而在它以外，還不知道有多少億兆個的銀河系呢！這個宇宙，不但在「大」的方面大得超乎理解，它在「小」的方面也小得超乎理解。亞佛加厥常數（Avogadro's number）告訴我們，在四又二分之一打蘭（約半盎斯）的水中，包含的水分子個數是 6.023×10^{23}，約相當於十萬兆兆。這樣的數字，夠讓人暈頭轉向，忍不住大聲喊停的了。從我們日常經驗的高度觀之，這些事實是絕對且完全不可思議的。」

雖然不可思議，但卻是真的。「……我們銀河系有兩千億顆恆星，可能過半數有行星，就說一千億顆恆星有行星好了，每顆恆星有多少行星？算十個好了，我們有八顆，算十顆，光在我們的銀河系就有萬億顆行星，如果一萬顆行星有一個發展出生命，而這些行星每千萬個才有一個智慧生物，光是銀河系就有一千個社會，而宇宙有幾十億個星系，有很多理由外星人應該要來……」。

「霍金指出，可能有無數泡沫狀宇宙存在，彼此難以往來，我們的宇宙只是其中之一泡泡，而地球上的人類又只是這泡泡中的一小小微塵。」

4. 人類探索的領域有一定的限度

物理學家薛丁格談到量子力學時，他用簡單的話說「我們發覺宇宙的習性與我們從觀察環境所得的截然不同。我們從大型的經驗擬出的模型，絕不可能『正確』。一個完整而令人滿意的模型，不但不可思議，而且遠非我們想像力可及，說得更確切一點，我們儘可想像，但不管怎麼想，想出來總是錯的，想出來的也許不至於像『三角形的圈圈』那樣毫無意義。但很可能是『有翅膀的獅子』一類的東西。……」「量子力學……暗示了人類探索的領域有一定的限制。」

科學家說：「這世界不只比我們所想像的還要奇特，甚至比我們所能想像的還要奇特。」

哲學家說：「的確，有不可言喻者，它們顯示它們自己，它們就是奧祕者。」

或許，這世界有人的智能所不能及的奧祕存在著。

5. 不可知論的一種簡單素樸的說詞

「所有最後的科學觀念同樣是超越理性的覺察之外的。物質是什麼？我們將它分化到原子，然後我們發現自己被迫將原子再分化，像我們已經分化了分子一樣；終於我們到了進退維谷的窘境。是否物質是可以無限地分化的——那眞不可思議；或者分化有一限制——這同樣也不可思議。空間和時間的分化也是如此；兩者最後都是不合理性的觀念。運動也被裹在一種三重的晦澀之中。因爲它牽涉到物質的改變。牽涉到時間和物質在空間中的位置。當我們果決地分析物質時，最後除了力量我們什麼也找不到——是一種給予我們感覺器官以印象的力量，或是一種抗拒我們感官動作的力量；誰能告訴我們這是種什麼力量？從物理轉到心理來說，我們的論題來到了心靈和意識之上；這兒我們比以前更感迷惑。最後的科學觀念乃是一切不能被了悟的實體之呈現……在各方面，科學家之探索都使他面對一個不能解決的謎；他比平常人更爲悟解到它是一個不可解決的謎。他會同時知曉人類智慧之偉大和渺小——在能知覺經驗範圍以內的事物一點上來說是偉大的，在對超越經驗以外的事物之無知一點上來說是渺小的。他比任何人都更能知道事物之最後性質是不能被知道的。用赫胥黎的話來說，唯一誠實的哲學乃是不可知論。……思索即是關聯，思想所能表示出的東西並不比關係所能表示的更多。……簡言之，爲了與現象交談，智慧乃被形成。我們試圖用它去解釋現象以外的事物時，智慧便只能使我們胡扯。然而『關係的和現象的』等名詞與性質卻暗示著在我們以外的某些東西。某些最後的和絕對的東西。觀察我們的思想，我們會看出要驅去對『隱藏在現象之後的實體』所有的意識是多麼不可能的。我們會看出這種不可能性將如何使我們對實體產生不可毀去的信仰。但是那實體是什麼，我們都不知道……」（錄自威爾杜蘭所著《西洋哲學史話》）。

第四篇

把宇宙描繪得太過簡陋與扭曲

有一些人往往以自己局限的知識架構來框限自己。人的知識圖象本已局限，但人往往從自己局限的知識內容中抽取部分材料，以此來自構簡陋圖象，進一步簡化與扭曲宇宙的外貌。諸神偶像崇拜與唯物機械論者就是例子，他們面對自構的簡陋、扭曲、荒涼、單調的世界圖象。

舉一個例子說明：小孩子經驗與活動的範圍比較小，見識也比成年人有限，當他們手拿畫筆來描繪景物時，他們的取材唯有取自他們有限的見識內容，再經過小孩子非常生疏作畫技巧的限制與影響，他們所描繪出來的景象和成年人所認識的世界比較之下，必定產生很大的簡化與扭曲，也就是顯得比較幼稚而簡單（小孩子對人體的描繪和解剖學教授所想的不同）。

我們以此來類比說明：宇宙很多的眞相不是人局

限的知識格局所能包含。然而，事實上，人們不但習慣於已有局限知識習慣的框限，甚至往往進一步加以簡化與扭曲，而描繪出比自己原有知識圖象還要簡陋與扭曲的宇宙圖象。

一、簡化與扭曲的一個例子：人造「神」

1.人造偶像「神」

人雕刻石頭、木頭或鑄造金屬，製作出他們心目中想像的諸神的偶像，然後向它膜拜。說這些人造的偶像會保佑他們，或者說這些「神」具有大能能夠開天闢地，顯然是顛倒而荒謬的說法。因爲那些偶像的每一部分都是由人取自世界的。無論它的材料，它的形狀，以及製造它的技術或手工都是取自世界的（人也是世界的一部分）。它們的形象，最常見的是莊嚴的長鬍鬚的壯年男人的形狀。當然也有奇形怪狀如鳥頭人身、人面獅身等。這些形象是從眞實世界中眞實的人物與動物的形象中抽象拼湊出來的。簡而言之，那偶像的材料與形象是世界的部分產物。它是人取自世界加以拼構的，卻反過來被看成保佑人，豈不荒謬？而且那用來構成偶像的材料與外形等成分只是自然現象中的一點皮毛。它如何能創造或涵蓋比它廣大而豐富的自然？

2.人造概念「神」

無神論者費爾巴赫說：「神的『權力』、『永恆』、『超人』、『無限』和『普遍』等屬性都是從自然界抽取出來的東西，起初都只表示自然界的屬性罷了。有人說自然界是從神產生出來的，其實應當掉頭過來，說神是自然界產生出來的，神是自然界發生出來的，這神是自然界的一個經過抽象作用而造成出來的概念……」

概念的抽象與組合與具體偶像的製作一樣：所製作出來的神，是人造的。是人對世界圖象顛倒、簡化、扭曲的一個實例。眞正的神想必不是幾個簡單的概念的組合所能代表與描繪的。

二、唯物機械論的單調與荒涼

這裡舉另一個簡陋與扭曲的例子。

前面用來批評偶像崇拜與概念的神的說法，同樣可以用來反對唯物機械論。唯物機械論那種冰冷、單調、黯淡、索然無味的世界觀，同樣是對於世界的簡化拼湊與扭曲結果所得的簡陋圖象。舉一個例子：巴斯卡說：「無限空間永遠的寂靜使我恐懼。」

人從物理層面中觀察世界，從中抽象出或建構出包含物質、能量、力等項目在內的系統，本來這系統是世界在物理層面上被觀察到的部分而已。這世界還包含生命與精神甚或其他更爲難以臆測的層面。這是無可否認的。然而唯物機械論者反倒過來，卻用物質否定精神與生命，企圖以唯物與機械那局部與簡單的圖象去包含奧祕宇宙的全貌。這是對於世界的簡化、拼湊與扭曲的一個實例。

前面已經簡單說明過：即使是最簡單的眞空也不是如一般人所想像的那麼簡單，而是有著它自己的奇妙的性質與奧祕（事物的本性比時間與空間還要來得根本）。同樣的，物質也不是如一般人或古典唯物論者所想像的那種靜態、緻密、單調而頑冥的存在。

只要稍微了解一下當代科學家所描述的構成物質的原子、分子、質子、電子、夸克等奇妙的量子的顯微世界，動態活力、高能量質能守恆、或然性、超乎常識等奇妙的特性。我們就可以明白看出唯物本體論那種單調、靜態、死氣沉沉的物質觀是何等的簡陋與扭曲。何況，即使是上述科學家的想法，距離全然的眞實狀況也還存在著一大段距離。可想而知，唯物本體論的簡陋圖象距離物質本身完全的眞實有多少差距了。

古典唯物論者先自己想出一單調、簡陋的物質的圖象，再將生命、心靈等現象化約進入那簡陋化的唯物架構裡面去，製造成一荒涼、單調無味的宇宙圖象。

「一小段的曲線是非常接近於直線的，曲線越短，也就越像直線。到了極限的時候，你簡直可以說它是直線的一段，因爲這時候線上的任何一點都能和它的任一切線相合。同樣地，生命的每一小地方也是和物理化學的作用相同的；但是銜接起來就大不相同了，實則，生命不可能僅由物理化學元素所構成，恰如曲線不可能由許多直線段所湊成的一樣。」

注視著電子、質子、力、運動、光與空間的模型圖像，能夠從其中看到生命與精神現象的蹤跡嗎？能看到酸甜苦辣、紅白黑的感覺的蹤跡嗎？恐懼、陶醉狀態占多少空間？它與原子組成的關係如何？

無論你把世界如何的簡化，把它描述成如何的簡陋冰冷、死氣沉沉，無論你如何地否認生命與精神，想像我們面對一個只有泥土與岩石的荒涼景象，請注意，這個景象之所以呈現出來，之所以被看到，是因爲有能認知的生物與精神作用——有眼睛在看它，我們不必再強調我們那荒涼岩石的印象之下忽略了多少岩石的內在奧祕，光是那荒涼景色的呈現已必然包含一個活生生的生物，一個具有複雜奧妙視覺器官與認知頭腦的生物的精神作用存在著，在看著它。

我們非但不往下簡化與扭曲世界的圖象，還可以向上臆測有我們尚未目睹體驗的豐富多采的事象之存在，宇宙間尚存在著更多未知未見與難解之奧祕。

「生物學複雜的程度，令人極爲沮喪，以至於現在無人敢想像其間的關係可以加以清晰的定義，至於數學的表示則更不可能。」

「適用於機械科學的幾何方式的預測，如果用來對付全部事物，不免成爲知識者的幻想。」

眞正的經驗主義，應當盡量接近原來的事物，探測生命的奧祕，並運用智慧以察覺生命的活動情形。

「物質的生命在幾十年前是一沒有意義的語詞，現已爲大家所習用。我們現在看到物理學家摸索生物學的觀念，把生物學的意義擴展到整個自然界，比以前所想像的要接近得多。」

「唯物論者把精神現象當作物質變化的附屬現象，用物質去否定精神，其實我們彌補心和物之間的間隙，不藉貶抑精神，而是提高物質。」

「如果在物質中沒有某種心靈成分，物質怎能改變心意？」（物質改變心靈的例子：酒精或迷幻藥對心靈的影響、腦組織對於精神的作用功能。反過來看，精神也可以影響物體，例如我要我的手舉起來，它就舉起來，害羞時臉紅等，這裡所舉的是非常平常而簡單的例子。）

「照唯物論者的想法，這世界的每一顆粒都由物質構成，但是物質世界的每一顆粒中，有一種類似和預示生命、精神的自發能力。赫拉克里脫把貴賓接待到他那平凡而陳舊的廚房時對他們說：『進來，這裡也有神祇的。』我們可以把他的話引到最頑冥的土塊。」

三、許許多多的簡化與扭曲

熱帶海島上的土人所形容的世界裡面沒有冰天雪地的景色，他們不知道有冰雪之類的東西存在，他們甚至以爲海洋與海島的景物就是整個世界的全貌，他們的宇宙觀裡沒有冰與雪這種東西的存在。

「將小貓飼養在只有直線或橫線刺激的環境中，結果貓兒表現得彷彿對斜線沒有知覺，而其視覺腦皮質中亦無調整此種方向的神經原出現。」這隻小貓活在一個沒有斜線的世界之中。但牠自以爲對世界一覽無遺。

人對世界的所見所知本來已經有所局限，但人往往還進一步用思想來簡化、扭曲世界的圖象；人往往從他對於世界的局限認識裡面抽象出部分的性質或概念，加以拼湊組合。此組合物原本取自自然現象的某些部分，卻反過來被拿來當作自然的「創造者」，自然的全部，而先於自然，高於自然，涵蓋自然。人在這種方式下簡化並扭曲了自然的外貌。他看見的是自構的單調的自然圖象。

前面說過古典唯物機械論者就是以這種方式建構出一幅單調、簡陋、荒涼、無生機的圖象去代表世界，並用以否定精神的情形就是一個例子。另一方面，那些迷信「古裝」民間故事並加以膜拜的「善男信女」，他們心目中的神仙、天庭、玉皇大帝……的整個想法是另一個例子。兩者共同之處是：它們都是人從有限材料中拼湊出來的簡陋而虛構的圖象，不足以代表眞實的事物。

許許多多描述宇宙終極狀況的哲學與宗教，往往也都是如此簡陋化與扭曲的結果。無論這些哲學家說得多玄奧，事實上，宇宙的眞相不只比人們所想像的還要神奇，甚至比人們所能想像的還要神奇。

第五篇

靈異事象眞實存在

前言

由於曾經親自體驗並加以堪稱嚴格的驗證，筆者相信靈異事象眞實存在。

靈異（或邪靈）眞實存在的此一眞實線索進一步通往眞神存在的領域。值得加以留意與掌握。此事非瑣碎或微不足道。筆者因此不顧人們反對，公然加以描述，至於是否能夠從俗，能夠免於遭受異樣眼光等等則非我所能兼顧與考慮。

此事眞相非辛苦修煉與推論所能得知，唯有眞實體驗才能獲知眞相，無法強求。

靈異與鬼神是否可能存在？許多人往往不假思索地宣稱「這是邏輯上的不可能。」「這是科學上不可能的」「這是理論上不可能的。」「這是事實上不可能的。」簡而言之，許多人往往不經事實驗證就「先驗」地斷定其不可能。

我們可以先驗地斷定：「巨人是人。」「象棋賽中象必定不過河。」等，而不必事實的驗證。理由在於前者是分析的，而後者是約定的。純數學與邏輯的許多先驗必然的性質也是由於它們分析與約定的本質而來。如果我們把數學與邏輯這種先驗的必然性投射到事實經驗的判斷上面，例如靈異與鬼神的存在與否的問題上面，而先驗地斷定其爲不可能，則爲一種錯誤，一種迷思。

此外，鑑於宇宙所呈現的浩瀚與奧妙，彰顯於每一事物的神奇與巧妙，由此來推測，則靈異與鬼神的存在也不是事實上的不可能。

事實眞相極可能是：混雜在眾多有關靈異與鬼神的虛假謊言與騙局裡面，存在著一些眞實的成分。然而由於「見者信，不見者不信」的此一事實的限制。使得有關靈異與神靈存在的種種可能的眞實而且重要的見證無法加以傳遞與溝通而遭受淹沒。

本篇文中提出筆者親身經歷的一件頗具決斷性的驗證，此一驗證成爲筆者緊抓不放的線索，該線索通往靈界鬼神存在的可能領域。沿著此一線索，這單元進而略述狐仙、靈應盤、前世今生、賽斯資料等頗具普遍性的傳聞與報導，以及若干其他靈異事象的可能實況。

本篇並指出某些正統基督徒對招魂術與碟仙等事實的認知，但將它們視之爲邪靈，而提出警告。

本篇乃根據於事實基礎而作合理的推測與判斷，不同於一般怪力亂神的欺騙與迷信。

由於筆者本人親身的一件經驗以及自已設計的一種驗證方法，使得筆者確信碟仙的遊戲是眞實的，人確實能夠經由碟仙遊戲的設計與靈界進行言語溝通。由此類推，與碟仙遊戲相似的狐仙，以及外國人玩的靈應盤（Ouija）可能是眞實的。這一類的事實無論中外都有相當程度的普遍性，有不少人明白知曉，相信還會有較特別的人們曾經經歷過更玄祕的事象。相較之下筆者在這方面並無特別超乎常人的體驗。然而，對筆者本身而言，至少碟仙此一靈異事象已經足以構成一條具體的線索，該線索通往靈界以及宇宙另一奧祕的領域。這一條線索同時指出：在眾多愚夫愚婦的迷信江湖術士與無聊男女的欺騙與誇張裡面，確實有親身體驗靈異事象的眞實見證被混雜在其中。

下面將談到一些相信可靠的、有關玄祕異常的事象。究竟這些靈異事象的背後是鬼魂？是輪迴？或是撒旦的作工？爲神所不容許？各有不同說法，可以暫且不談。然而，一個共同之處是，他們都認知靈異事象存在的事實。

1. 碟仙的眞實性以及一件眞實的驗證

筆者少年時玩碟仙的幾次經驗，以及刻意設計的一項實驗，對於筆者自己而言，已經明確地構成一種非常重要的事實證據，成爲筆者從此緊抓不放的線索，該線索通往玄祕世界與神靈存在的領域，此事有加以敘述說明的必要。以下的敘述中第一人稱「我」即爲筆者本人。

據我所知不少人知道碟仙或玩過碟仙。

以下說明認識「碟仙」的經過情形。首先要聲明的是：中外一致的看法（包括本人在內），碟仙是邪怪的、危險的、不値得提倡的，絕不是什麼眞神。我已經幾十年不再玩它了。

幾十年前曾經在一張舊報紙上看到一小段有關碟仙的報導，標題是「碟仙又來了？……術士胡謅製碟牟利。」內容是：「廿年前遭禁止的『碟仙降臨』，詭譎遊戲最近又大量被中小學生購買……三人以食指按於碟上，小碟轉動，向其詢問心中疑難問題時，仙碟即會旋轉指在某字句上。不過據玩過碟仙的人說：三人閉目按在碟仙上，由於力量不平均，碟仙即會移動，並非有神靈附在碟上，惡作劇的人乘別人閉目故意移動手指，妄稱有仙靈。幾十年前玩「碟仙」的風氣很盛，許多人藉此詐財、詐色，因此被禁止再玩碟仙。一位學校負責人表示：「對於學生玩『碟仙』之事，警方已深入調查中，預防廿年前的『碟仙』詐財、詐色的事情重演。」

很久以前我也玩過碟仙。我認為碟仙並不見得能解答疑難問題，說有人藉碟仙詐財詐色很有可能，或者說碟仙不值得提倡，我非常贊同。可是如果說每一次碟子移動回答問題都是有人從中惡作劇，則顯然與我所見事實不合。第一次看見別人玩碟仙（在親戚家看長輩們嚴肅地玩），起初不相信，以為玩的人在搞鬼，等自己玩過之後，我開始將信將疑起來。最後我想出一個試驗的方法，重新買了一個普通的小碟子（當時台幣兩塊五毛錢），並且另外換了一張新的壁報紙（清楚記得是藍色），上面不再寫上中文字，而是請人（我母親）代為寫上日文的字母，另外找來兩個不懂日文的小孩（我自己對日文也是一竅不通）連我三個人一起玩，我問問題，碟子移動，用貼在上面的紅色箭頭連續分別指了幾個日文字母回答問題（玩的時候三個人各出食指輕按在碟子上面）。我問：「請問碟仙，我大學考得上嗎？」結果他一連指了幾個字母回答，我照抄下來，拿去問我母親，那些字母排列起來是什麼意思？（當時我母親並不知道那些字母是碟仙遊戲指出來回答的。）令我大為驚訝的是，我母親很順利地把那些抄下來的一串字母念了出來：「だいじょうぶ」她翻譯來的意思是「大丈夫」（沒問題），是一個簡單的句子。而且是針對問題回答的句子。由於我本人和另外兩個一起玩的小孩都不懂日文，即使想要作假來自欺欺人也無從作起，因此我相信那碟子不但會回答問題而且還懂日文呢！（當然他也懂中文，因爲我問問題時用的是國語。）我另外又問碟仙幾個問題，他都一一回答。當我問他他是哪裡來的時候，碟子始終在紙上繞個不停。因此我說：「如果不想回答就請指著英文字母『X』上面。」（這一次紙上除了許多中文字以外還寫上幾個英文字母在上面。）果然碟子又繞了好幾圈之後，終於停了下來，而碟子上面紅色的箭頭正指在X上面，由於當時玩碟仙的風氣很盛，我有幾次機會看別人玩，問的問題五花八門，他都一一回答。我的感覺是：碟仙的回答往往很籠統而且常答錯，但他確實能回答問題。許多人玩得很認眞，似乎不像在惡作劇，也不太可能全部在惡作劇。事實上要搞鬼也沒有想像中的那麼簡單，如果有人在搞鬼故意推動碟子，由於三個人的手指頭同時輕按在上面，能否讓他順利地控制著碟子，使箭頭指向他要指的目標（字）也是一大疑問。即使三個人約定好合作推動碟子，要順利控制碟子的移動與轉動，也不見得能夠順利。事實上碟仙回答問題時，碟子的移動與轉動都很迅速而順利，不像有人從中搞鬼（就我所看見的幾次而言）。由於玩了幾次很順利，因此我把碟子帶到學校表演，可是那一次在許多同學圍觀之下，我怎麼請，碟子都不動，又過了很多年之後，我與一位同事偶爾談到了有關碟仙的事情，他以前也玩過，這一次兩人志同道合，合作了一副碟仙，另外找到一個人一起玩。三個人夜深人靜時在一個空教室裡，請碟仙出來，可是怎麼請，碟子就是不動。足足耗了兩個小時，碟子不動就是不動。那是筆者最後一次「玩」碟仙。此後曾經一度聽朋友提到有關玩碟仙的經過與感想，但是由於種種的理由，筆者已不再玩碟仙，然而筆者堅信碟仙此一異常事象是眞實的。

此外，好幾十年前，屬基督教的《宇宙光雜誌》曾出版一本書，書名是《羣魔亂舞》，尼基古茲著作，李銘珠譯述。裡面記述了很多外國人玩碟仙（類似於碟仙的靈應盤）的情形，大致情形與一般所了解的碟仙玩法差不多，只是這書裡面所記述的更爲詳細而深入。例如與人溝通的情形更多、更仔細，在筆者的記憶中（當時只瀏覽）每次玩碟仙都跟碟仙談得很多，而且一旦問他，他通常會告訴人他是某某人（的鬼魂），當然經由碟仙遊戲所溝通的鬼魂很多，而不是只固定於一個。記得這本書還記述了鬼魂附身，並且藉著附身而講出，以及做出一些邪怪事情的種種事實。這本書是以基督教的立場，勸人不要爲邪魔歪道所惑。

東方人的碟仙、狐仙等的「遊戲」與西方人的靈應盤等等的「遊戲」如此類似，可能不是一種巧合，而是顯示出它們是一種頗爲普遍的事實。

此外，中外一致對碟仙的看法是：碟仙是邪怪的、危險的、不值得提倡的「遊戲」。

2. 狐仙也可能是真實的

由於親眼目睹，並且經過嚴格驗證，因此筆者相信碟仙此一異常事象是真實的，狐仙的傳說與流行的情形非常類似於碟仙，筆者因此判斷其真實性非常可信。

下面談談狐仙：由於碟仙「遊戲」的影響，使我多多少少注意到這方面有關的記載。有一次我在一本日文書上看到一篇類似碟仙的記載，上面附有一張照片，照片裡面幾個人圍在桌子旁邊，記得其中還有人用布矇著眼睛。由於好奇心，我就去問我母親那篇記載的內容是什麼？經過她的翻譯，我才知道那是一種類似碟仙的遊戲名叫狐仙（狐狗狸），裡面的內容大致是這樣的：有一個新聞記者聽說有人在「玩」狐仙的遊戲，聽說狐仙會回答問題，而且很靈驗，因此想辦法去參觀。他被帶到一間空房子裡面。裡面除了一張桌子、幾張椅子之外，旁邊還擺了一架鋼琴，幾個人圍坐在桌子旁邊。大部分的玩法很像碟仙，只是用三枝束在一起的筷子立在紙上代替了碟子，利用筷子的移動，指著紙上的字回答問題。紙上似乎還畫有梯子一類的圖畫，此外，玩的人還矇上了眼睛。首先請狐仙出來，等筷子開始移動之後，那記者問問題：「我爸爸今早去看牙醫，他的牙齒是只治療一顆還是連旁邊也要一起治療？」狐仙回答說要一起治療，那記者說他父親曾告訴他，上次看牙醫時，醫生曾說過旁邊的也要一起治療。那記者又問了另外一個問題：他問起他剛去世不久的一個女友，她生前最喜歡的娛樂是什麼？這時令人毛骨悚然的事情發生了：屋子裡那架鋼琴在無人彈奏的情況下自動響了起來，而它所發出的聲音，正是他女友生前經常彈奏的樂句。這篇記載當然有可能是假的，可是由於我對於碟仙遊戲的親身經驗，印象深刻，而且也幾次目睹別人玩碟仙，因而使我對上面這篇報導的懷疑減低了不少。

碟仙這件事隱隱約約代表著一條線索。至於這線索後面所隱藏的究竟是什麼？

3. 其他靈異事象存在的推測

既然人與碟仙或人與狐仙如此明確的溝通方式不僅可能，而且是明明白白的事實。當我們聽聞許多聖徒與先知見證他們目睹的神蹟，甚至於他們見證說能夠與聖靈溝通，儘管我們未曾親自經歷到他們所述說之經驗，可是我們能斷然說它絕無可能？

以碟仙此一玄祕的異常事象的事實證據作為線索，加上上述的種種論述與推測為基礎，我們多少可以推測其他玄祕事象乃至於神靈的存在。

當一般人所共同視為旁門邪怪的碟仙都已被證明為眞實地存在著，那堂堂正正而且勢力龐大，盛行於全人類的基督徒的神難道會是全然虛構的？

筆者認為儘管大多數有關玄祕問題的傳言，不是蓄意的欺詐就是謠傳的結果，然而其中混有著被淹沒在其中的一些眞實的部分。我斷定確實有人曾經經驗過一些蛛絲馬跡式的線索，一些通往宇宙玄祕而於今人所未知的領域的線索，由這些線索的存在，使人了解到宇宙所未曾展現的，或許未來所展現的景象必定遠超我們目前之所能想像，就目前而言，或許眞的已經有人曾具有超感異能的能力？

或許有人曾經見過神蹟，或曾經面對神的顯現並與祂當面溝通？是否那些傳言報導並不全都是虛構的謊言，而且那些見證人、研究者也並不全都遭到幻覺？或許還有比所有這些更加奧祕、更加不可思議的事物之存在？

4. 關於《前世今生》與《靈界的訊息》

號稱銷售三十萬冊，被譯成十一國文字，美國連續兩年的排行榜書，曾經流行一時的一本暢銷書《前世今生》，報導一位接受二十世紀科學洗禮的精神科醫師（即該書作者本人），「卻在治療他的女病人之時，發現這個病人的前世輪迴，他不敢相信，卻又不得不信。他透過催眠，使病人在前世今生徘徊，也聆聽到另一個世界的精神大師的垂示。魏斯終於鼓起勇氣，把這段心理治療的經過寫成本書，他說：『自從接完這個病人，我的生命全然改觀。』」

筆者有些相信此書作者應無故意說假話，一方面由於作者布萊恩．魏斯既是耶魯大學畢業的醫學博士，又是美國享有盛名西奈山醫學中心精神科主任，頭銜既高，名聲又大，諒不至於以這種方式說假話。然而對筆者而言，這原因倒不是首要。使筆者相信此書作者誠實的主要原因在於筆者上面所述的關於碟仙遊戲的「知識」以及附身等怪異事實的「知識」所導致。我認爲，不管有沒有前世今生或輪迴這件事實，《前世今生》一書所記載的事情如果以類似碟仙遊戲的方式加以解釋，也就是前面所述的鬼魂藉附身而講話的事例來加以解釋，也是有可能的。

5. 基督徒對招魂與邪靈的看法

正統宗教界人士對於碟仙、靈應盤、附身、招魂術、靈媒等事象的看法，値得我們加以重視。

下面有關招魂術與邪靈的幾段文字是部分基督徒對靈界存在的看法，請注意：儘管所有這些事象在他們看來都是邪靈作怪，但至少他們相信邪靈是存在的；而靈界存在的此一事實線索是否將通往其他神靈存在的領域？

他們正試著與死人接觸：

「他們正試著與死人接觸。『靈魂在這裡，我看到他們了。』Ruth Berger 這麼說。Ruth 自稱有通靈能力。可以說她是通靈人，以流行的話來說，她是靈媒。『他們有好消息要告訴我們。他們想要跟我們說話，就像我們想要跟我們說話一樣。』」

「在這個清爽、明亮的秋天夜晚，在伊利諾州 Skokie 的聖彼得天主堂，Berger 領導一個三十五個會員的 North Shore Chopter of Naim，一個不分教派，基督徒鰥夫和寡婦的鼓勵會，學習招已死之人的靈魂。」

「這是一九九〇年間發生的一件事：有一面帶笑容、外貌正常的女人，到教會、到聚會所、到私人的家庭或公寓，用一種煞有介事的態度召喚靈魂進入房間，聲稱他們是已死之人的靈魂。——The Morning News Tribune November 14, 1990」

「占星家瓊恩貴格於星期四聲稱，她給予南茜雷根從占星來的意見，已在雷根總統在位期間或大或小地影響了歷史，她預言與總統有關的事情發生的時間，有的精確到某分鐘，有的甚至精確到某秒鐘的程度。——The Morning News Tribune, Friday, March 16, 1990」

基督徒的說法是：

「邪靈是眞的有。」

「許多人想解釋這招魂術的表演，說它完全出於巫婆術士們的欺騙和戲法。固然，江湖騙子的法術時常能造出顯靈的幻象，但此外確實也有顯然是超自然的能力出現。那發起現代招魂術的神祕現象，絕不是出於人的騙術或巧計，而是惡使直接的工作；他們藉此發動了一種最容易毀滅人心靈的騙術。許多人因爲相信招魂術不過是人爲的戲法，所以就要陷入魔鬼的網羅中，在他們親眼見到自己所不得不承認是超自然之能力的表現時，他們就要受迷惑，因而誤信這乃是神的大能。」

「這些人竟忽略《聖經》中有關撒旦和他的使者所行之奇事的教訓。古時法老的術士曾靠撒旦的幫助仿傚神的作爲。保羅也說明，在基督降臨之前，撒旦的能力必要這樣顯現。」

「在主降臨之前，必有『撒旦的運動，行各樣的異能神迹，和一切虛假的奇事，並且在那沉淪的人身上，行各樣出於不義的詭詐。』」

「他（撒旦）有能力使人們已故之親友的面容出現。他的贗造品是無懈可擊的；音容聲色，維妙維肖。許多人聽見故人在天享福的消息，便大得安慰；於是他們便不顧危險，去聽從『那引誘人的邪靈，和鬼魔的道理。』」

「在他們相信死人確能與他們相交之後，撒旦便叫自己的使者裝作那些未曾悔改而去世之人的形狀出現。他們說自己在天上過著幸福的生活，甚至於還得了高尚的地位。」

「但無論何人都無需因招魂術的虛謊主張而受迷惑。因爲《聖經》明說，人在死後是毫無所知的，他們的思想也已消滅，在日光之下的一切事，他們都沒有分；他們對於世上最親愛的人的喜樂或憂傷，也是一無所知的。」

「一切與死人靈魂交往的事，都是神所明令禁止的。」

（以上內容取自《世界新秩序背後的祕密計畫》）

無論碟仙、狐仙是否爲仙界的小鬼，招魂術是否爲撒旦的騙術，無論如何，這裡明白呈現出一個無比重要的結論：碟仙眞實存在的此一具體線索明白通往靈界乃至於人格神存在的領域。

上面所述這些頗具普遍性的靈異事象對於正統宗教信仰而言，有如一刃之兩面；一方面它的邪怪，爲眞神的信仰者所不容，一方面，它明確地顯現，卻又形成一具體的線索，該線索可能接連人格神存在的證據。

曾經看過一部影片，安東尼霍普金斯主演。劇情有關天主教教廷指派驅魔神父驅魔的故事。一位年輕的神父被正式指派，爲一位他們所認定的被附魔的少女驅魔。

這位年輕的神父，雖然身爲神父，卻骨子裡面不信神不信鬼，十足的一個無神論者，那行爲古怪異常的少女被他歸類爲精神病患，當他進行驅魔的過程，邪魔眞正的現身，在他情況非常緊急的當下。他開口呼求眞神上帝的拯救，因爲他從邪魔的眞正現身，眞正的存在這一件事實，使他瞬間第一次相信眞神上帝的存在。

筆者認爲這一部電影有它反映眞實的成分存在。這種事情沒有親身經歷，永遠不可能相信。

第六篇

物質的不同表象

面前一塊堅硬而緻密的金屬，按照一般人（或所謂的素樸實在論者）的看法我們親眼所看到的物體的樣子就是物體真實的、真正的樣子，此外無他。

高中物理老師馬上提出反駁這素樸的說法，他說：「那些物體其實是原子構成的，原子很小，直徑只有三埃（1 埃 = 10^{-13} 公里）。太陽系的直徑卻在 10^{10} 公里以上。一小一大相差 10^{23} 倍，原子由一個原子核和數個電子組成，原子核在中心，數個電子則在外圍環繞，如同太陽系中地球公轉一般，原子核和電子的體積非常小，只占整個原子體積的一千兆分之一以下，其一減一千兆分之一的體積都是空的，太陽系也是如此，太陽和行星占太陽系總體積也非常小，絕大部分都是空的太空，堅硬的原子居然有這麼大的空洞，只是在空中飄浮幾點灰塵（電子和原子核）而僅灰塵具有實際質量，空洞部分是沒有質量的，由此看來，我們需要好好檢討「堅硬」的定義了。」

這物理老師很可能繼續說：「由此可見你那一般人或素樸實在論者眼中之所見眞的只是一些看起來好像如此的表面現象，那物體的眞實狀況不是如此，燭火的火焰，形狀看似靜止而固定，其實卻是由燒紅飛舞不斷燃盡又補充進來的動態碳粒子所組成。不僅燭火的火焰形狀的固定性是假象，其實就像燭台的堅硬、緻密、靜態固定形狀的外貌同樣只是一種表面的現象……。」

另一個教授可能如此說：「花費四十年開發出來的強力電子顯微鏡觀察鈾原子，從螢光幕上不斷躍動的光點或一團光點的輪廓，可以看出原子不可能預料的運動顯示固體從原子層次來看，實際是一大個由不斷運動質點所形成的大海。這樣來說比較簡要而直接。」

這教授繼續對這中學老師發表評論：「當你說到電子、質子以及之間空間空隙等，你仍然把它看作一般物體質料，有如說到一般人所說的玻璃珠子等，你用太陽系的行星來類比這些電子、質子就是這種情形，實體狀的太陽系的運轉來類比這些電子、質子就是這種情形，實體狀的太陽系的運轉來類比原子核的結構是有某些合乎事實與方便的地方，可是事實上次原子顯微世界裡面的狀況是完全背離我們的日常物體，物質質料與空間的性質，『唯物本體論，物質質料的觀念是無法外延進入量子顯微的世界裡去的。（用簡單的話舉例；電子可以隨機消失，在別處再度出現，從一處到另一處不必經過中間的空間，同一電子可以同時在不同的地方出現……。）』，因此凡是用珠子、行星等物體質料空間來說次原子顯微的世界是行不通的，你所說的也是你自己為自己表象出來的現象，這現象顯然與眞實也不盡然吻合，『量子力學可能是人類智慧所能想出來最奇特的理論：如果讓一千個哲學家一起花一千年盡想一些最光怪陸離的事物，他們也想不到比量子力學更奇怪的東西了……。』」

我必須說明，即使量子力學所建構出來的理論對於顯微世界的描述非常詭異，違背我們日常眼視世界的所知與所見，但它卻可蘊含出一些眼觀世界操作驗證事象，讓人能夠間接加以驗證。事實上無論顯微世界中的理論假設如何詭異，它必須蘊涵出眼視世界中可供操作驗證的事象，往往是顯微世界中極其微小的質點，其驗證（往往非常迂迴）卻是眼視世界中極爲巨大的設備（如迴旋加速器）。

前面使用強力電子顯微鏡看鈾原子，結果將一些快速動態的光點顯現在螢光幕上，那也是依據一大堆的理論假設架構從他所蘊涵的事象加以設計，導致光點（代表鈾原子理論所蘊涵的間接事象）的呈現加以驗證，而不是眞正的看到它們。

自古以來原子就被哲學家們想像，現代科學家則以理論假設建構原子模型，從其蘊涵的事象加以實驗驗證的方法了解並描述物質的顯微世界。目前爲止，夸克是我們所知道的最小微粒，連最強力的電子掃瞄顯微鏡都無法呈現其蹤跡。它純然以理論假設元目的姿態，由科學家建構出來。

從素樸實在論者或一般人所認知的分子，原子等科學家描述建構的世界，顯然這些都必經人主動建構表象出來的。

素樸實在論的表象是眞實的表象，因爲人可按表象順利操作驗證，在其中工作無礙，是一有效的假設圖象，因此被假設爲眞實的圖象：「麵包是如是其實地存在。」（列寧）

原子結構，量子論的世界也是依據蘊涵事象的驗證支持而假設其成立，也是被假設爲眞實的表象。

素樸實在論和原子科學家各自表象了自然的部分面貌，在各自探索的方式下，自然對他們分別展露不同的面貌。

第七篇

心與物之間因果關係間的鴻溝

「我要我的右手舉起來」這精神事象的因導致「我的右手舉起。」這物理物體事象的果。精神事象與物理事象兩形性截然不同的事象產生了密切的因果相隨關係。

這心物之間的因果關係終極而言是無法加以眞正的「解釋」（此處「解釋」兩字加了引號。）的。

這心與物兩截然異類形性的事象之間存在著理性無法跨越的鴻溝，設若我們加上許多中間的過程如肌肉骨骼神經，進而各種生理、物理、化學等事實加以解釋，也就是上述心與物之間的因果習慣相隨事實被許多其他的事實（其他的因果相連事實）加以解釋。一個簡單的邏輯是，追根究底，可以確定的是，用來解釋這心物因果關事實時的各個因果事實之中無法完全免除同樣具有心物因果鴻溝的事實列在其中，而這用來解釋別人的心物因果相連關係的形式又與原來被解釋的心物因果相連關係的形式無異。也就是說，心物之間因果相連的關係，因與果之間鴻溝永遠存在，無法被「解釋掉」。

兩因果事象間插入許多科學事實加以解釋，其實只是展示更詳細更多的因果事實，這些用來解釋的各因果事實本身照樣只是一些如此如此被經驗到被看到的事實，一樣只知其然，不知其所以然，所謂加入科學理論的解釋也是一樣，科學理論如牛頓力學模型，那也是建構來符合經驗事實的模型，本身也是一種事實的呈現，是一種事實如何展示而不是事實爲何的終極解釋。

這心與物之間的因果相隨是以一種事實呈現的面貌被我們從經驗中發現得知、得知其習慣性相連，屢試不爽。光從心理事象上作任何的觀察推論，不可能推論出身體的物理事象出來。反之，無論你如何觀察頭腦、神經、四肢五官，用盡物理化學詞彙，也絕對推論不出這腦子的感覺、知覺、意識等精神內容或詞彙。而這用來解釋別人的心物因果相連關係的形式又與原來被解釋的心物因果相連關係的形式無異。

兩形性截然不同的異類事象其因果相隨的事實唯有從經驗觀察中獲知其活生生之事實之呈現，即使加入更多詳細的因果事實。終極而言，無法給予一般所謂的眞正的「解釋」無法知悉如此因果相隨的眞正原因或理由。

就這一點而言，其實發生與呈現的因果形式與一般所謂的奇蹟事象發生的因果形式又有何不同？同樣都只知其然而不知其所以然。

下文將繼續說明如下事實，此處先予簡單提要。

心與物兩截然不同事象，一方面有他理性無法跨越的鴻溝，但從其密切因果相連可知兩者乃屬同一事物主體之不同表象，而不是各自獨立互不相干的事實。

用心物截然不同形性的事實爲實例來解釋事象與事象間因果關係乃基於經驗事實呈現，無法加以一般所謂的眞正的「解釋」，無法如一般所謂的知曉其原因或理由，這例釋比較明顯。然而，事實上不限於心與物之間，其實無生物與生物之間，乃至於任何物與物之間的事象因果關係也無不如此，即，因果關係乃基於經驗事實而呈現，無法如一般所謂的知曉其原因或理由（終極而言）例如黃色的泥土長出綠色的草，綠色的草開出紅色的花，想想無生命的物質到有生命物質之間因果的鴻溝，黃色、綠色、紅色不同色之間因果的鴻溝，乃至於磁鐵相吸，萬有引力等，都是綜合事實因果相連之事實呈現。簡而言之，一切綜合的判斷均來自於經驗其事實之呈現，兩綜合而非分析關係的事象之間的因果相隨，其形式與本質都是如此，不限於心與物。

兩因果關連的事象如果不屬蘊涵分析的關係，則沒有先驗的必然性。

簡單地說，因果相隨式的解釋不同於邏輯數學蘊涵分析推論演繹式必然性的解釋，僅屬單純因果規律習慣相隨的掌握預測。

儘管如此，各種形式的「爲何」的提問與解釋，最終全歸入如何如何事象運行關連的呈現之中。「爲何」的問題僅存在於系統的局部觀點之中，就整體而言，只有如何如何過程的展現，沒有「爲何」問題提問的餘地。

| 第八篇 |

心與物——同一事物的不同表象

萬物之靈人類的腦子這麼一塊奇妙的物體在物理老師的解說分析下離不開分子、原子、質子、電子、夸克等，尤其是大部分中空的空間，因爲那些構成的微粒所占空間及所具有的質量極其微小，微粒與微粒之間是占大部分體積的空無的空間。

無論這物理老師如何繼續描繪，我們可以預見從他所窮盡描繪與展示出來的所有這些微粒，及其軌道、場、空間運動的一切形性中絕看不到這腦子會有痛癢酸甜苦辣等感覺，會有各式各樣的知覺，多采多姿的意識，思想與感情，也絕看不到這腦子的神經細胞所顯現的生命奇蹟，同樣看不出豬腦料理的味道。想一想在那單調的原子、質子、電子以及大部分空無的空間的圖象裡面是完全看不到這多采多姿、生意盎然、森羅萬象的世界的蹤影的。

顯然物理老師所描繪的只是局限與片面的現象，

這客觀世界的本身，也就是被描繪被表象的主體本身是超越物理表象的內涵的。

同樣情形，我們一般人或所謂的素樸實在論者所觀察到的腦子和生物學家所觀察到的腦子以及物理老師所描繪的腦子，再加上這腦子本身內在的感覺，知覺與意識種種。各自觀察到不同的、局限與片面的表象，而且可以說是彼此形性截然不同而相異的表象，完全無法互通的表象。

腦子的某一特定區域受損就會導致某些精神功能的損壞，酒精使人醉，迷幻藥使人產生幻覺，使用微弱電擊刺激相關腦的部位引起某些感覺、知覺，甚至引起兒童時期某一特殊場景之再現（某些開腦手術中醫師可能與病患對話，了解其意識狀態）。

「我要右手舉起」此一精神事項立刻引起「右手舉起」此一物理事象，簡直和「阿里巴巴芝麻開門」一樣神奇。

這腦子的物質表象和精神表象一方面形性完全不同，無法互通，一方面卻又彼此因果相隨，密切關連在一起，同樣地，腦子的生物面表現與一般人或素樸實在論者眼視下的表象之間，一方面彼此形性截然相異無法互通，一方面卻都因果密切相隨，彼此關連在一起。

一種素樸的結論是很可能所有上述各不同的表象全都同屬於同一事物主體的不同表

象，每一表象（例如精神或物質）都是局部的片面的，這事物本身不是其中任何一種表象可以涵蓋，反而這事物本身包涵各不同表象（可能還有未曾呈現之表象），因此這事物本身事實上超乎每一單獨表象，超乎精神、物質與生命表象的內容。鑑於各表象之間存在著只知其然而不知其所以然的因果關係，各個別表象的局限性與事物本身對於人類感官智能的超然性，使人臆想這自然、這事物的本身潛藏著超越表象的永恆難解的奧祕。這是一種素樸的觀點。

我們的所知與所見是在我們特有探詢方式下，自然對我們所展露的一種面貌。

| 第九篇 |

我們為自己主動表象所知所見的世界

一、做夢所顯現的幾件事實。

1. 睡夢進行時一切的活動都在腦殼內發生與進行，但顯示的夢境卻具象描繪在腦殼之外；你可能夢到四處遨遊活動，但這夢的過程都在腦殼裡面發生與進行。

2. 夢境的內容和我們醒時所見並無太大差異；我們清醒所經驗到的三維立體，事物存在其中並變化的實在景象都有可能在夢中出現。

3. 假如說夢是腦的創作品，既然我們能夠夢到三維立體的事物，可見我們的腦有創作構作三維事物現象的能力—重要事實在於：腦的建構活動過程（即夢的過程）在腦殼內，建構出來的現象（即夢的內容）描繪在腦殼之外。

二、醒時所見亦如做夢一般，我們在清醒的白日夢中過一生；一切感覺、知覺、意識的活動都在腦殼內發生與進行，但我們所感覺到、知覺到、意識到的景象（應該可以稱之爲現象）卻描繪在腦殼之外。

三、遙遠星球早已毀滅，我們所看到高掛在空中發亮的星星是我們自己建構描繪出來的表象（或現象）。

讓我們想像一個千百萬光年遙遠的一顆巨大的恆星，長年發光之後突然毀滅消失。它之前發出的光（即電磁波）行經千百萬年之後到達地球，這電磁波進入觀察它的人的眼中，刺激視網膜、視神經受到刺激之後以生化過程的脈衝的訊息傳入大腦（外來電磁波的刺激變成神經脈衝的傳送）。大腦接受到這些脈衝，於是產生許許多多的色光的感覺（傳進來的是神經的脈衝，結果產生了色光的感覺，這色光等於是大腦的產物，在腦殼內產生出來的，這色光的感覺完全發生在腦子裡面。）接著大腦將這些色光的感覺詮釋爲（或知覺爲或看成爲）腦殼外，高懸在天空的一顆閃閃發亮的星星，早已毀滅的千百萬光年遠的恆星被看成頭頂上好像十幾公里高處。這詮釋、知覺或看成的過程如電動般快速，潛意識下不自覺地進行（閱讀與駕駛一旦純熟也變成不自覺）。大腦是依據以往經驗（沒有知覺經驗，未充分學習的初生嬰兒無法如此詮釋與知覺，只有感覺。嬰兒或許有先天的背景的知覺）加上腦的特殊功能所建構起來的知覺模型快速處理接受進來的資訊，將他詮釋，知覺看到爲腦殼外天空的一顆發亮的星星。所有這一切都在腦子裡面發生與進行，最後的結果是「看到一顆星星掛在天空」。

前面已經說過，那顆遙遠的恆星早已毀滅消失，你在任何地方，包括眼前天空在內都不可能找到它，因此你所看到的高掛在天空的那顆星其實並不在那裡，是你把它解釋、知覺爲看成在那裡。它事實上是在你自己的腦殼之內。說高掛在天空的那顆發亮的星星是你自己的錯覺也不爲過（頭撞牆之後看到滿天金條或星星的情況是不是有點像？那些金條其實不在天空，而是你腦殼內的感覺被不自覺快速地詮釋爲、知覺爲腦殼外空中無數亮晶晶的金條）。

從上面這些看似瑣碎的敘述裡面，結論是：我們所直接看到的是出自自己所表象出來的現象。

至於我們所表象出來的現象和事實或眞實是否吻合，那是另外一回事，反正我們必須經由自構的表象來認識外界。

想像一個人使用高倍率的望遠鏡看一行星，他可能看到表面凹凸與坑洞等，根據上面所述，所有這些景象都是這人自己腦殼知覺表象出來的現象（按圖順利操作驗證的現象就是眞實的現象—如此被假設）。

四、你眼前所見的杯子，其實也是經過你自己主動的表象。

想像眼前一個杯子，當光線不斷從這杯子的表面反射出來，向四處射出，假想在光（電磁波）離開杯子之後前往觀察者的眼球途中，還沒到達觀察者的眼睛之前的這一極短時間（無論多麼短，理論上都有一時間間距之存在）將杯子毀滅或移開（只能限於想像的情況），之後，光波（電磁波）才到達觀察者的眼睛。理論上，當光到達觀察者，訊息傳進腦部的瞬間時間，那觀察者仍然看到那杯子有一極短瞬間時間還存在那裡，雖然事實上那杯子已經毀滅消失或被移開（光速是一極限速度，沒有任何動作可以快到趕在光到達前將東西移開，因此上面的例子只限於假想，實際上不可行。）既然物體早已不在那裡，可是我們仍然看到它在那裡，可見看到是我們腦子自己建構投射出來的表象。如同前面的例子我們所看到的杯子，連同整個看到的、知覺到的立體三維物體存在的景物都是我們自己心造出來的表象，我們看那杯子等於看自己的作品，自己的表象，有如一個畫家看自己的畫作。

五、用白日夢或想像來類比較容易說明。

上述畫家與畫布的比喻不足以類比說明腦的活動與表象，因爲即使在腦殼內作畫，腦殼外並無畫布（無任何一物）但圖像依然顯現描繪腦殼外在。用清醒時的夢境（白日夢）或想像來說明就比較明白。

進入眼睛的感覺刺激，神經脈衝的訊息全都是無所謂維度的訊號，這些訊號傳入的終點是腦殼內的大腦，這大腦依據它特殊的構造功能加上以往從經驗學習中所創建的知覺認識網絡模型，立即自動地、快速地（電動般式）不自覺潛意識地，把這些傳進來的訊號整理詮釋。知覺爲腦殼外空間上一三維立體的知覺圖象。明顯可以看出這描繪外在的三維立體的表象全然是大腦無中生有的創作，這所有的創構過程都發生在腦殼之內，這圖象或現象卻超距描繪了腦殼外，不是任何的色光，畫布在腦殼外以供圖象呈現或映出，腦殼外什麼都沒有（沒有「畫布」在那裡負載著畫作）那圖象倒類似於腦的想像或清醒時的夢境，鮮明彩色的夢境，夢境中的物體是你腦殼內的作品（夢見沙漠，可是事實上你在床上，那沙漠的景象完全是你腦殼內的作品，過程在內，現象圖象超距表象了外在。請注意沙漠並不在圖象那裡位置）清醒時看到的面前的一個立體的物體也是一樣，這立體物體被你看成（其實應該說想像成或夢成）在腦殼外，其實一切的看、想、夢的資訊與詮釋過程全都在腦殼內發生與進行。

因此說我們所看到的星星和杯子是我們自己造作出來的現象是不無道理的。

六、用蝙蝠的知覺來比喻比較不那麼誇張。

蝙蝠收聽從物體表面反射回來的高頻聲波（牠自己所發射出去的）訊息轉爲神經傳導的訊息傳到大腦，大腦瞬間解讀分析（潛意識下電動般快速整理）建構描繪外在物體與空間、環境圖象（過程全在腦，知覺圖象，看成爲外在圖象）（與其稱人用眼睛看到物體，蝙蝠用耳朵聽到物體，不如說兩者都用大腦建構描繪物體表象）。

假如在聲波從對象物體表面反射出來往蝙蝠方向前進，在還沒到達蝙蝠耳朵之前的這一段時間將物體移開，相信雖然物體已不在那裡，隨後蝙蝠仍然看到那物體（儘管或許只一瞬間）的存在。物體既已不在那裡，可是仍然「看」（或「聽」）到它在那裡可見所「看」到的（或「聽」到的）是自己腦子建構描繪投射出來的圖象。

聲波的速度比光波慢得多，行進間的時間無論多短總有一小段時間之存在，將物體移開的想像與比喻比較不像前述光波的比喻那麼誇張。

蝙蝠沒有視覺而用聲波代替，這是牠與其他許多哺乳類動物不同之處，相同之處則有四肢運動操作（隨意肌的感覺成爲操作的知覺）與觸覺，這是操作與驗證的工具（驗證知覺網絡假設下的蘊含知覺預測事象）是構成維度（立體）知覺的主要因素。

蝙蝠和普通人乃至於量子物理學家探詢自然的方式有其不同之處，但共同的認識網絡模型都是力學模型的。

七、我們所知與所見必先經過我們主動的表象。

我們所能知所能見的也就是我們所能夠加以表象的。觀察者爲什麼能看到一個立體三維的杯子，那是因爲他自己有表象三維立體的能力，如同一個人爲什麼能夠作立體的夢，那是因爲他有表象三維立體的能力，因爲一切的夢境都在自己的腦子裡面而製造出來的。

感官接受外來刺激之後所有的感覺、知覺（三維立體的「外在」的現象之呈現）等都是腦殼之內產生的作品（被「看成」腦殼外的事物景象）。

既然所知所見必須透過感官與認識器官而呈現，則我們所直接面對的就是我們認識器官的作用結果或產物，可以稱之爲一種表象或現象。

我們在清醒的白日夢中過一生。

1. 所謂物體的第二質性即顏色、聲音、冷熱等，是心的造作物，是在腦殼內所產生的感覺，例如有人講話，也就是他嘴巴不斷製造振動，可是你所聽到的卻是聲音而不是振動本身，這聲音的感覺完全是在腦殼內製造出來的。

2. 物體的第一質性即形狀、大小、位置等，也必經由心的表象才呈現：

(1) 心靈有表象立體外在事物的能力：想一想夢的過程都是在腦殼內進行，顯然是腦的作品。然而夢的內容包含了物體的第一質性，夢中的一草一木幾乎涵蓋現實世界中醒時所見的一切。頭腦有能力描繪立體的夢境，就有能力表象（或造作）森羅萬象，而不限於第二質性。

(2) 從我們視覺、聽覺、觸覺，尤其是隨意肌的感覺與觸覺等感覺以及腦的特殊結構所具有的特有功能，我們的頭腦能依據感官資訊從感覺經驗中學習並且加以操作驗證而建構內在知覺與知識模型，據之以詮釋隨時接收的感覺資訊投射呈現描繪為外在表象加以理解。視覺固然有其特殊便利性，但隨意肌的感覺經過理解、建構為操作知覺，則成為操作驗證整個三維立體知覺模型，建構維度知覺的基礎。（人這種特有感官與頭腦的結構所知覺出來的表象具有基本的特性，知識的基本原型不離物體質料、力、運動、空間等力學模型的形式，即如重力場、電、磁場等雖無具體形象，但仍有可供具體操作驗證的力學模型形式（對物體、電磁鐵磁極產生吸力或斥力，呈現力學模型形式），相信現代科學對次原子顯微世界的描述無論如何背離我們的常識與想像，終究必定可以經由間接蘊涵出來的事象加以操作驗證，離開操作驗證的力學模型，知識架構恐無立足之地。」

(3) 我們所見的現象必定是心靈或感官頭腦的作品：例如電視螢幕之所以顯示影像必然有其原因，那就是電視機的電機、機械與光學等過程將外來資訊（電波）加以處理，最後呈現影像。同理，我們看到事物時，也就是我們的感官與頭腦必然經過一定的過程才爲我們表象出我們看到的現象。

因此我們看到的是我們自己爲自己表象出來的結果。這表象的過程全都在腦殼內進行，而表象的內容卻投射描繪到腦殼外成爲事物的現象。至於我們所造出來的表象或心象與外在實在之間有何異同則屬另外一個問題。

夢的過程全在腦殼內進行，夢中內容卻與醒時類同。與外在客觀立體世界中的活動一樣，只要加以留意比較，不難明瞭我們醒時所見所知所聞的一切，也如同作夢一般，過程在腦殼中進行，圖象描繪內容在腦殼外。我們在清醒的白日夢過一生，只是所作的夢有它眞實的成分，因爲它必須能夠相當程度地符應外來客觀的刺激與資訊。

第十篇
清醒的白日夢

「腦不同區域受損則有不同功能的喪失，例如能分辨人臉的人不能分辨物體，也有能分辨物體的人不能分辨人臉，也有某區受損則視覺上無法看出物體的運動……」

我們看東西好像看得輕鬆自在，但其實我們的腦部在瘋狂運作，視覺看似簡單，我們只要張開眼睛看就好了，其實我們在接受了不起的挑戰，我們的眼睛接收一堆光，把這團混亂變成我們所知的複雜世界需要非凡的腦力，這一切在一眨眼之間完成，如電動般快速而自動。我們所看到的一切必須在我們的腦部建構、動作、形狀、顏色、大小等，一切的意義跟位置，世界不是就在那裡，必須由大腦拼湊起來。

有人無法辨認物體，卻能在心靈之眼看到相同的物體，也就是擁有非常詳盡豐富的心靈影像，看到的跟想像的似乎完全分開，他連自己的畫都認不出來。

這種心靈影像跟認知分離的人令人驚訝，大家公認心靈影像跟視覺認知是一體兩面，只是一個從外向內，另一個從腦部著手。事實上有這種分離的人意味著這兩個過程不是以往所想的一體，這情況顯示出，產生影像認知之間的部位是分離，這兩個系統如何配合呢？有這種人存在讓大家難以理解視覺的不同組成究竟在哪裡彙整，傳達跟反傳的訊息沒有明顯的相互接觸區域，然後出現對於世界的連貫解釋，事實上令人覺得沒有這種區域，若我們能看進腦部，看看是否能找出這個區域，一般認爲我們會失敗。

視覺是受到最密切研究的感官，但仍難以捉摸，但我們漸漸找出腦部處理視覺所運用的妙招跟捷徑。我們學習到的一切讓我們愈來愈遠離「我們直接張眼看的」簡單想法，紐約的李納斯教授老是語不驚人死不休，他相信現在是我們進行視覺思想革命時候了，這聽來特別，但對他來說，視覺只是作夢的另一種形式——想想你作夢時的情形，你會發現你感受得到痛苦，感受到驚訝，看得到，聽得到，人們以恰當的語調說著恰當的話，也就是說，作夢跟清醒是相似如兄弟手足，如果不是完全相同的話，若此事成立——這是前提。我們就能開始眞正了解腦部，腦部負責製造影像。

這種想法跟我們平常對於視覺系統的了解完全抵觸，李納斯相信這一切是相反的，藉由眼睛傳遞進來的信息，腦部將製造的影像轉化爲眞實。基本上腦部是作夢機器，產生眞實、釋出眞實的是腦部。眞實經過調整，受限於感官，我們需要看、需要認知、以及主動作夢，因爲這是我們把浩瀚的宇宙納入一個小小腦袋的唯一方式，我們混合、創造影像，然後投射出來，就是這樣。

我們正開始了解腦部如何克服認知的重大挑戰，若李納斯是對的，那麼腦內的運作就比周圍的情況重要的多，就我看來，視覺不在於吸取外在的世界，相反的，這是一種主動的過程，會發明、忽視及扭曲眼睛所見，這一切似乎都是多餘的，重要的是腦部的情形，而腦部的情形完全因人而異，我們的視覺系統並未重建外在世界，而是從零創造我們私人的宇宙，我們自己的眞實——我們在清醒的白日夢中過一生。

第十一篇

漫談無常與永恆及其它

普通科學新常識；宇宙誕生於大約一百三十八億年前的一次大爆炸，大爆炸之後才有了時間、空間、物質、能量等的存在，在大爆炸之前沒有空間與時間的存在，那才是眞正的無，空間存在於大爆炸之後，空間不是無，空間有它各種性質，空間和時間不可分，空間和時間是相互關連成一空時連續體，時間也不是無，光經過空間量子所需的時間是爲時間量子。

簡介一下時間扭曲。（引號內部內容大致摘取自十五年到二十年前《國家地理》頻道電視播放的科學新知節目的局部）「像一條河流，時間似乎不停地流動、連續不斷地流向下一刻，且時間似乎總是朝一方向流動，朝未來前進，但這想法可能錯誤，多數人對時間的看法淺顯易懂；每一個人，每一個地方，時間流逝的速度都一樣，這項常識是由現代科學之父牛頓所確立，他如此說過：『時間不斷流逝，對此我們無能爲力。』牛頓對於時間的看法雖然合理，愛因斯坦卻看出事實並非如此，他發現時間可以不同速度流動，這說法怪怪的，這表示我的時間和你的時間可能不同，他說人人各自擁有自己的時間，時間並非全宇宙統一，而是有許多不同時間。空間運動對時間有極大的影響，愛因斯坦的發現瓦解了牛頓對現實的觀點。」讓愛因斯坦顛覆我們對過去、現在和未來的一般認知。」

「對『現在』看似簡單的觀念；『現在』對我來說，一些我認爲現在正在發生的事可能包括：我研究室的時鐘顯示正午到了，我的貓剛從窗台跳下來，發生在遠方的事，例如：威尼斯有隻鴿子此刻飛起來，有塊隕石擊中月球，宇宙的遠方有一顆恆星爆炸，這些和其他我認爲在同一時間於宇宙不同地方發生的事構成我直覺認定的『現在』。你可想像這些事是同位在時空（連續體）的某一切片上，我們姑且稱之爲『現在切片』。嘗試認定你我和其他所有人對正在發生或存在於現在及之後各瞬間的事看法相符，也就是大家對某塊現在切片上的事有一致看法，但愛因斯坦指出：很奇怪，將運動納入考慮後這項關於時間的常識就不成立。想像時空是一條麵包，愛因斯坦知道，將麵包切片的方法有很多，由於運動會影響時間的流動，所以正在移動的人，對於現在發生的事會有不同的概念，他們因而會將時空麵包切成不一樣的現在切片。他們的切片角度會不同，在移動的人會將刀斜拿，從不同角度切出切片，他的切片和我的時間切片會不一樣，若想明白這會造成什麼樣的奇特影響，請你想像有一個外星人，他在一處，在距地球百億光年的星系裡，在遙遠的地球上，那個加油站的人，兩者若坐著不動，沒朝彼此移動或離開，他們的時間流動速度相同，也因此共享同一塊現在切片，這塊切片垂直橫穿時空，但請你看看，假如外星人騎上腳踏車，然後朝與地球相反的方向移動，由於運動會使時間流動速度變慢，他們時間流動的速度不再一致，他們時間流動的速度若不一致，他們的現在切片也會跟著變得不同，外星人的現在切片以不同角度橫穿時空，偏向過去，由於外星人悠閒地騎腳踏車，牠的切片只稍微偏向過去，但到了遠處，那個小角度在時間上造成極大的差異，外星人會發現他偏移的現在切片，他認爲「此刻」地球上正在發生的事不再包含那位正在加油站的朋友，也不包含四十四年前還是嬰兒的他，驚人的是外星人的現在切片往後移動來到地球史上的前兩百年前，涵蓋我們認爲是在很久以前發生的事，譬如貝多芬完成第五交響曲，即使速度相當緩慢，我們對於何謂現在，那些事是同時發生也會出現極大差異，只要我們之間的距離夠遠，若這還不夠怪，你移動的方向也會造成差異，請看外星人若掉頭朝地球前進會如何？外星人的新現在切片偏向未來，因此包含兩百年後地球上才會發生的事，或許我們朋友的曾曾曾孫女以意念從巴黎移動到紐約。」

「我們一旦知道你的現在可以是我以爲的過去，或你的現在可以是我以爲的未來，你的現在和我的現在同樣千眞萬確，那麼我們便知道過去絕對是眞的，未來也絕對是眞的，那些可能是你的現在。也就是過去、現在和未來同樣眞實，也全都一樣存在，你若相信物理定律，未來和過去與現在同樣眞實，過去尚未過去，未來也並非不存在。過去、未來和現在以相同方式並存。」

「就如同我們認爲所有空間都存在，我們也應該認爲所有時間都存在。所有已經發生或即將發生的事全都存在，每一瞬間永恆凝結固定，時間根本不曾流動，或許時間比較像一條冰凍之河流，每一瞬間凝結固定，『過去、現在和未來的差別雖然深植人心，但不過是錯覺。』愛因斯坦曾如此說過。從達文西完成蒙娜麗莎到美國獨立宣言的簽訂到你第一天上學，到從我們的觀點尚未發生的事件，例如首度有人類登陸火星，所有已經發生或即將發生的事全都存在。以這項大膽見解，愛因斯坦瓦解了我們體驗時間方式的最基本概念：『過去、現在和未來的差別』，他曾經這麼說『雖然深植人心，但不過是錯覺』。」

「但假如時間的每一瞬間早已存在，我們如何解釋我們著實感受到時間就如同這條河似乎不斷地往前流，我們或許被騙了，時間根本不曾流動，或許時間之河較像一條永凍之河，每一瞬間永恆凝結固定。」

「每一起事件可視爲瞬間的呈現，下一瞬間的呈現，又下一瞬間的呈現，但我們若想像所有瞬間或快照排成一直線，地球上的每一瞬間，地球繞太陽的每一瞬間，整個宇宙的每一瞬間，我們會看到所有曾經發生或將發生的事件空間裡的每一個點，還有時間的每一瞬間，從我們的宇宙在一百三十八億年前於大霹靂發生時誕生到銀河系中有恆星形成到四十五億年前地球誕生到恐龍時代到現今地球上發生的事件，例如我在我的研究室裡工作，想像出這樣的時空，讓愛因斯坦顛覆了我們對過去、現在和未來的一般認知。」

「這世界運轉的最鮮明特色與時間流動有關，物理學徹底破壞與時間有關的日常經驗。我們對於時間的體驗總是局限於現在，我們只抓住這一瞬間，從物理定律來看，那個現在都一樣，只是從我們主觀角度來看會感覺事物不斷起變化。」

愛因斯坦在一九〇五年提出狹義相對論兩始初架構，基本假設，這假設，經過多方驗證已經確立其眞實，從這兩基本假設可以推導出羅侖茲轉換式，這轉換式原本先被提出，愛因斯坦的狹義相對論給予他物理意義，從這些明確的基本架構，轉換式，經邏輯與數學的過程可以推導出時間膨脹空間收縮，或如上述所說的那些看起來怪異的結論，換句話說上述那些怪異的結論是從眞實的前提和嚴格的邏輯過程所得出的結果，應該被視爲眞實而加以接受，愛因斯坦曾說過，羅侖茲比他自己聰明，羅侖茲轉換式中時間的坐標和空間的坐標是具有可相互運算的關係，時間無法和空間分離，兩者構成所謂的時空連續。

相對論的始基架構如此清楚明白，從其蘊涵加以驗證又如此確實，依據如此的確切的前提經由嚴格的邏輯演繹可以得到上述如此背離常識的結果，難以置信卻又可能不得不信的結果。

三法印是佛教核心思想，三法印成爲一體，「無常」爲其根本前提（之一）。

我很想指出，這「無常」的描繪涉及了時間的概念，在我看來佛教無常的概念合乎一般人對於時間的認知，合於一般想法，甚至合乎牛頓古典物理的想法，但不符合現代科學相對論空時連續的描繪。

除了側錄「時間扭曲」供參考之外，我隨意另外列舉幾種相關或類同的議題如下：

一、曾幾次在書本上見過下面這句話：

「曾經發生過的事象，即使其發生僅只瞬間也屬永恆。」

這句話本身即屬定義的性質，因此沒有在先的前提可供依據，它就是如此被定義爲永恆存在。

然而如此的定義卻似乎可對應於相對論所描繪的時間特性，讀上面「時間扭曲」文字部分的內容即可明白。

如同物理學上定義長度、質量、時間等對等定義一樣，定義水的冰點爲攝氏零度，水的沸點爲攝氏一百度一樣，上面定義曾發生的事象的每一瞬間爲永恆看起來符應於上面相對論對時間性質的描繪，似可視之爲一種類似對等定義的性質，定義之爲永恆，給予「永恆」的言詞名稱。

幾乎所有說過上面那句話或持有那句話所表述的內容的人，應該不致於聯想到空時連續的問題。

二、存在先於本質

類比與例示說明：

1.有限的磁效應的驗證事象不足以拼集成一磁場的存在，一完形整體磁場的存在蘊涵無限多可能的磁效應的驗證事象。

2.學識良好、品格高尚、優柔寡斷、外貌英挺、丹麥王子等特性的集合不足以成爲一完形整體的哈姆雷特。

先有哈姆雷特此個體的存在，才有他經驗學習成長創造發展出來所具有的各特質，以及之後繼續發展的各特質。

三、史特拉汶斯基曾說過他的作品《春之祭》是一客觀存在的實體，而他本人不過只是此曲曾經流過的容器。

依照一般的觀點，此曲不占空間，不具重量，不可觸摸，看不見形象，無法被知覺，因此不能稱之為存在。

可是反過來說你能說它不存在嗎，那「永恆的現代音樂」，巴哈的D小調觸技與賦格，貝多芬所有的作品，你能說它們不存在嗎？

依照另一種說法（或定義）此曲存在於人們共同主觀的架構之中，其主觀的際性（intersubjectivity）賦予其一種客觀存在的意義，可以由台幣、美鈔的幣制加以類比，台幣千元此一共同主觀抽象構造物可由千元紙幣或千元價值的物質或服務的交換加以表象與驗證，而D小調觸技與賦格則為管風琴的演奏呈現為完形整體空氣振動產生的聲波結構供人們耳朵與頭腦讀取加以表象與驗證，看來說某事物是否存在，要看它依據如何的「存在」的意義。

第十二篇

概述認識的基本原型

馬德堡半球、抽水機、托里切利水銀柱等事象，我們對其中任何一種的理解都是把它套入大氣壓力的假設模型之中來了解它；因爲套入模型之中就可以按照模型如何操作將有如何的結果的操作因果一種完形整體的預測，簡而言之藉著我們對模型的運作了解預測來了解那個事象。一旦代入模型，那各個事象就獲得了詮釋，得到了解；模型式完形整體操作因果預測的了解。

大氣壓力（空氣海）的理論假設模型不是現成呈現，被我們看到，也不是從各個別的事象連結，拼集而成，不是演繹推理，或簡單歸納得出來的結果，而是一種心智的創構想像的結果。理論假設模型超越各個別事象成爲更上一層的完形精神建構。

感官接受到外來紛亂龐雜的刺激（這些刺激隱藏著外在事物的訊息）。首先這些刺激轉變成爲各種感覺，這是腦的創作的第一步（感覺是腦的創作）。洛克把這些感覺稱爲物體第二質性。他認爲物體這種第二質性是心主觀的感覺，不是外在客觀的存在。外來物理訊息的刺激被腦詮釋爲各種感覺，進一步詮釋爲外在事物的存在的知覺等。也就是說從沒有所謂維度的感覺詮釋成爲三維立體空間中事物變化運動各種性質的存在的知覺。

知覺心理學教科書裡面看到，提供給感官的外來物理訊息最多從來沒有超過二點五個維度，但是我們卻知覺到三個維度的事物存在運動以及各種變化。從這裡可以看得出來，知覺過程中，心智主動創構詮釋的事實。（不占體積與面積的點其維度數爲0，0＋1＝1是線的維度數，因爲線能被點切割。線的維度數1再加1等於2，2是面的維度數，因爲面能爲線所切割。面的維度數2再加1爲3，是爲體的維度數，因爲面能夠切割體。切割者的維度數加1是爲被切割者的維度數。）

從物理訊息進入，轉變爲感覺，從感覺，或者說從不到二點五個維度的感覺訊息成爲三維立體的知覺（感覺訊息潛藏外在事物的資訊）。對於感覺的詮釋，把它詮釋爲事象的知覺，如此的心智詮釋的過程，被視爲一種模型套入的過程，如同大氣壓力或者空氣誨理論假設模型對於馬德堡半球等的詮釋一樣，感覺被詮釋，被詮釋爲知覺，亦即被知覺模型假設套入而得到詮釋，成爲事物的知覺。如此事物的知覺，主要包含了洛克所謂的物體的第一質性，洛克認爲物體的第一質性是客觀存在於外界。

我們已經來到腦詮釋感覺成爲三維立體的知覺，巴克萊提出來的所有一切的知覺都是一個感知（percept），完全都是腦的創作，唯存於心。這裡筆者提出說明，這個知覺，這個 percept 是心的創作，存在心裡，我們來到主觀唯心論的說法，全部的知覺到的，描繪出來的知覺的圖像，知覺的現象他的過程，他的存在都在腦袋裡面的心裡面。巴克萊強調的就是這一點，他非常的雄辯（可參考本書第九篇和第十篇），但是這個存在內心的這個 percept 它不同於任何物理的存在物，卻是一種心智描繪，一種圖像，沒有辦法用物理方式來說明來類比的一種心智圖像，這種圖像，它發生在一個地方（腦殼裡面、心中）超距描繪空間距離以外另外一個地方（腦殼外面事物存在的地方）的狀況，這個純粹屬於心所創造的，純粹存在於腦殼裡面心中的 percept 超距描繪了空間另外一處的狀況，描繪了一個獨立於知覺者之外的客觀世界裡面的物體等。（請先眞實理解第九和第十兩篇內容）在這裡我們要把屬於心所創造的，存在心中的 percept 和這個作爲心象的 percept 所超距描繪的客觀外在世界事物的現象做一個區分。洛克說物體第一質性獨立於知覺者而存在，他所說的第一質性和巴克萊所說的第一質性這種知覺的 percept 是不同的東西，一個是知覺圖像、是描述者，一個是被描述出來的客觀事物現象的結果。

看到眼前一顆樹，這一顆樹的知覺心象（percept）始終在知覺者的腦殼內心中。絕不出於腦殼之外。但是這腦殼裡面的知覺心象、知覺過程卻超距描繪出（看成爲）腦殼外這一顆樹存在的樣子——這一顆樹的 percept。

請用「清醒的白日夢境」的想法來設法了解。

看到面前一顆樹，你以爲那一顆樹現成存在那裡被你「看到」。其實你所「看到」的那一顆樹只是你的一個知覺心象，應該說你「看到」一個樹的 percept（知覺心象），或者說你知覺到一個樹的 percept。或者說你腦殼裡面的過程如清醒的白日夢般，「夢成」腦殼外一顆樹的存在。你對那棵樹的知覺，其過程，那一顆樹的知覺心象始終、從頭到尾都在你腦殼裡面，你所看到的，你所「看成爲」的在你的腦殼外面那一顆樹的所有的形狀樣子，還有顏色，都是你腦殼裡面的創造超距夢幻般的投射出來的類似於一種夢境。那一顆樹它還沒有被知覺之前眞正的狀況是什麼？那是另外一件事情。（這個部分請參考下一本書）

所知所見都是出自於心智主動的創購圖像，這個部分存在於心，但是這個心智的圖像超距描繪世界各種事物的狀況，他是我們如此探尋方式下（感覺到知覺）世界對我們說展露的一種面貌。

整個清醒的白日夢，其過程都在腦殼之內，其爲腦的創作。但這夢的過程、內容是一個圖像，它寫實的描繪出（看成爲）腦殼外的狀況。

我們爲自己主動表象所知所見的世界，Percept 不能外於心而存在，我們在清醒的白日夢中過一生。這個清醒的白日夢涵蓋了所知所見每一細瑣的部分，這個清醒的白日夢不同於我們在床上所作的夢，床上所做的夢可以因爲在床上夢醒而證明爲虛構，這個清醒的白日夢，比床上的夢更爲清楚、明白，確實沒有因爲醒過來而被證明爲虛幻（但是邏輯上沒有辦法排除夢醒的可能性之存在，因爲它具有假設的形式，永遠開放給否證的可能，詳情後面說明）。是可以操作驗證，屢試不爽的驗證，所以是一種現實眞實的夢境，不是虛幻的夢境，可以確實驗證的夢境。它是夢境，它也是現實的眞實的精神圖像，它是我們如此如實探尋方式下自然對我們所展示的一種面貌。此事極致深奧、極致精微，說明如下；

感覺的聯想堆砌、演繹、歸納都不足以成爲事物的知覺。而是由知覺模型詮釋成爲知覺事象，可看成腦創作的過程，知覺模型是一種完形式知覺假設模型創作建構的精神模型。蘊涵無窮無盡操作驗證預測的精神模型，操作模型，是對於感覺資訊的完形整體詮釋，對於感覺資訊的驗證預測，視覺容或有它優越的便利性，但是筋肉的感覺與觸覺才是造成操作與維度知覺主要的感覺部分，一個天生的盲人可以擁有空間與事物的知覺，但是一個沒有肌肉感覺與觸覺的人類，即使擁有視覺，也沒有辦法知覺外在事物。

如此完形操作知覺假設模型的創構是後天學習而來，或者是先天就擁有的先驗的能力，這個問題留在後面處理說明。

從完形知覺模型假設的創購，用來詮釋感覺印象爲知覺表象，最基本的諸如物體實體空間三維立體的知覺表象，然後從這些基本的知覺表象上面進一步建構一層一層的模型，包括物理的、生物的各方面。最後我們就秉持著這個層層交織成一複雜整體的模型網絡來看世界，有如戴著一種有色的眼鏡來看世界，我們就是戴著我們所建構出來的如此的模型網絡來看世界，從詮釋感覺信息開始，爲自己表象出外在事物的存在圖像，我們已經明白所有我們看到的，知道的每一個部分都是經過我們心智的創造與表象，我們在清醒的白日夢中過一生，一切都是我們心智所製造的夢境，爲什麼稱它爲眞實的夢境，爲什麼這個夢境是現實的，是眞實的？原因在於我們所創造出來的夢境，是依據（套入）整個建構在先的模型網絡而超距表象出來的，因此這創構表象出來的所謂的白日夢具有模型網絡的架構形式，也就是說可以按照模型網絡的蘊涵，操作驗證的蘊涵預測來加以操作驗證，一個屢試不爽的操作驗證出來的心智圖像，也就是說一個屢試不爽的操作驗證的白日夢的夢境，就被我們假設爲他是客觀眞實的世界的圖像，雖然他具有假設的性質（源自於模型網絡本身的假設性而來）。面對我們如此內在自構而超距「投射」表象於外的清醒的白日夢境，依據夢境所蘊含的操作驗證預測而順利操作驗證下去，就是以這種方式經驗到一個客觀的世界的存在（這個夢境，這個現象因爲他來自於整體層層模型網絡所詮釋表象出來的，所以它具有整體模型網絡的形式，因此具有整體的完形的操作驗證預測。請讀者特別費神用心理解這一篇內容）。

我們永遠面對我們如此探尋方式下世界對我們所顯露的面貌。相信有人立刻追問，在如此現實眞實的白日夢境，也就是說在如此眞實的現象後面是否有我們所不知道的，所謂的不可知的物自體之存在？這個問題的解答頗具趣味，篇幅所限，留待作者預計之後出版的著作清楚說明。

此篇必須有更大的篇幅給詳細的說明，目前的說明無法讓讀者進入了解，因此建議接下來的部分請斟酌閱讀，緊接的著作隨後即將出版，請密切期待，或者亦可全部略過；所謂的「讓我們跳過這些如此精微的瑣碎吧！」

理論假設模型乃出自於人主動創構的精神模型，是出於精神創構的假設模型，不是現成具體具象呈現被發現。理論假設模型由它所蘊涵的個別事象驗證加以支持或否證，科學史是理論演進史。

人創構大氣壓力（空氣海）理論假設精神模型（操作模型）來詮釋理解並預測抽水機、虹吸、馬德堡半球、連通管、托里切利水銀柱等等個別事象。

如此的理論假設的操作模型，人創構如此的精神模型假設用以理解各個別事象。如此的假設模型可蘊涵出個別事象的操作驗證預測。從這些操作驗證的預測加以操作驗證或否證如此的假設，一再多方反覆操作驗證成立，則將此理論假設精鍊成爲常態（常態科學），如此的常態假設模型可以蘊涵預測前所未知的一些新的事象。

以上是最簡單的實例說明科學理論假設創構的事實。

P.S.S.C 物理裡面對於拉塞福原子模型的創構過程，其假設創構，實驗設計以及其中的邏輯推理，適當地，迂迴程度引人入勝，進一步例釋說明科學理論假設建構的實況過程。這是一個非常良好的釋例說明。

當今高能物理用超乎想像的巨型實驗設備（如迴旋加速器）在眼視世界的操作數據與儀表上數據顯示觀察，經過成群專家，先進電腦多年整理演算最後得出（創構）顯微世界中極小微粒的運作模型，其理論假模型的建構同一形式。

科學革命的結構：常態科學（精煉成常態）→異常事象→科學革命→典範變遷（paradigm shift）。科學史是一部理論演進史，科學解釋在於層層模型建構，展示世界的

如何的運作，模型解釋乃操作的預測與驗證〔操作定義（operational definition）〕

求事象的「爲何？」的解釋就是創構理論假設模型，將它納入如何運作得如何結果的完形整體的操作模型之中加以吻合，從建構心中在先的模型操作因果的完形整體的認識的套入而了解待解釋的事象的性質的操作因果的完形整體的預測，給予模型解釋。因此，所謂「爲何？」的解釋就是套入如何模型之中的過程，完形整體的理論假設模型的創構是理解的基本。也就是「爲何」的問題就是「如何」的展示。

精神模型不是由各個別事象的拼集而成，不是現成展示在前的資料的拼集，它是精神創構的完形整體的精神模型——「全部整體大於各部分的集合。」完形整體的精神模型可以蘊涵無窮多的可能的驗證事象（操作驗證）；人所能觀測到的各個別事象是有限的個數，而精神模形所能蘊涵的是無限多可能的個別事象的操作驗證預測，這也就是完形（Gestalt）一辭所含的意義。

理論假設模型；這模型是精神的，唯有當個別事象代入其中，藉著將個別事象套進模型形式架構之中來理解個別事象，並且藉著個別事象實例呈現來體現模型的具象呈現。—精神模型並無所謂的可見形像。

模型是操作的，整體的操作驗證預測，當個別事象代入模型之中加以模型的解釋時，所謂解釋，所謂的理解就是藉著套在其上的模型的操作驗證預測，而知道如何操作將有如何結果的整體預測，這就是理解個別事象的方式。

知覺假設模型的建構有它後天經驗學習的部分，也有它先天天賦能力的部分。這一部分的說明留待之後著作交代說明。

前面談到，腦將外來訊息創作爲感覺。知覺假設模型將感覺印象（被洛克歸爲物體第二質性）詮釋表象爲知覺表象——三維立體空間之中物體以及其性質的知覺表象。這知覺表象呈現爲三維立體的表象，是已經涉及心智超距描繪的過程，從腦殼內出去進入腦殼外面，對外在作了表象，作了描繪，描繪了客觀事象——從第二質性詮釋進入第一質性。在知覺如此基礎的表象建構之下（三維空間中物體及其性質，包括運動在內）。

從最基礎的知覺建構層面作經驗探索建構各種上層的知識模型假設網絡。例如古典物理的精煉與公式化制定，化學、生物，各種工藝知識的建構，層層相扣整體模型網絡，據之以詮釋表象我們所看到的世界——在我們如此探尋方式下，自然對我們所展露的一種面貌。讓我們在其中工作與實驗。我們所看到的，所經驗到的森羅萬象每一個細瑣的部分都是由我們透過如此地層層創構而成的整體的模型網絡，作爲我們觀察世界的眼鏡，詮釋外來感覺影像所表象出來的世界圖像。

進一步的說明在之後的著作裡面交代。

從我們已建構出來的知識架構中看出來，外來物理刺激給予感官訊息，這些訊息潛藏了外在眞實世界眼視觀點的線索，這些訊息刺激由各不同感官經由神經脈衝傳入大腦，大腦將他們「創造」詮釋爲各種感覺——各種感官感覺是大腦的創造結果。

接下來大腦給予這些感官感覺以模型解釋，將這些感覺納入知覺模型的假設的精神模型之中，表象爲知覺對象的呈現，其過程如電動般快速而自動，但仍然是一潛意識的推理過程；是心理精神過程，也就是說知覺對象的呈現——從刺激到感覺到三維立體物體實體與空間與運動的操作知覺表象的呈現都必經由心智的創造建構的過程，而不是現成呈現如所見的樣子。

少年時我讀法國物理學家潘加列的《科學與假設》，當我讀到他有意無意提到說；筋肉的感覺（「和觸覺」？）與維度知覺有關，當下我受到啓發。同一個時間我從閱讀中知道荷爾姆霍茲有關「如電動般快速而自動的潛意識推理。」還有心理學教科書所提到的「知覺假設」、「知覺的建構學說」與「直接學說」有關的知識解說，我得到了相當啓發。

操作定義、操作驗證、模型假設，精神模型蘊涵操作驗證事象——人類理解，人類知識的本質在於操作應變外在自然（參與介入自然運行之中），知道如何操作如何結果的完形整體的精神模型建構，層層的模型建構，用以了解世界如何的運作，就是知識的本質。世界呈現爲可以被人類如以此方式加以理解（理解如何的過程，將「爲何」的問題代入其中，得到展示「如何」而獲得解釋，因此「爲何」就在「如何」之中）。

至於世界「爲何？」呈現爲如此能被如此方式理解，則因爲本質上無法建構一個模型（如何的模型）來蘊涵這「爲何」，因此它成爲永恆的奧祕。

愛因斯坦：「世界永恆的奧祕在於其可理解性」

維根斯坦的《邏輯哲學論叢》（Tractatus）一書中提到：「的確有不可言喻者，其展露自己；它是爲神祕者。」（There is indeed the inexpressible. This shows itself; it is the mystical.）（兩處形容詞前面加定冠詞作爲名詞使用：the inexpressible「不可言喻者」；the mystical「神祕者」）

「神祕者不在於世界的如何，而是在於它存在。」

視覺與聽覺提供較廣範圍訊息，但是筋肉感覺與觸覺卻與操作知覺關係最具體最直接也最基礎。（操作知覺與緯度知覺關係密切）人不僅觀察自然現象，同時更要操作它；所謂的介入，參與自然現象的控制，這才是知識的本質，也就是在於營生，趨吉避凶，這都與操作有關。

因此整個知識架主要結構部份在於層層建構的模型解釋（完形整體的模型建構）而這模型，本質上都是操作的，再高層次的模型最後終必關連到，蘊涵到操作定義，操作驗證實驗上，而最始基的操作在於知覺模型，完形整體實體物體與空間的完形或知覺假設模型的架構。

對於一事象「爲什麼？」的解釋，無非就是將它代入、納入一個或層層模型之中，藉著我們對於模型的完形整體全面性的蘊涵操作驗證和因果預測而了解，而解釋了這「爲什麼？」因此所謂的「爲何」的理解就是模型如何運作的展示，而模型假設除了精神的（必須藉代入事象而表象呈現才能藉以具體具象實例之一呈現）、假設架構的、操作驗證蘊涵的，特別是模型是完形整體的，這涉及到認識主體的先驗能力，——人必須有能力創構三維立體實體物體空間表象間的能力，才能夠表象出三維立體的物體、空間甚至運動的表象（腦袋一部分損壞，該人就不能知覺物體的運動，或知覺物體實體狀存在）。

我們所看見所認識的外在世界的模樣或表象，並不是現成呈現在那樣，讓我們發現或看到（如一般樸素的想法）而是經過我們主動創構與表象的過程出來的，人如不具有建構三維立體物體與空間的先天能力就不可能看到、知覺到物體實體與空間維度的存在，腦子裡面某一部分損壞，人就無法辨認物體實體。另一部分損壞就不可能知覺到物體的運動。

人活在自己創構的清醒白日夢中過一生。

從各個別事象的理解到知覺創構對於感覺的詮釋，整個知識認識的創構是以層層模型創構對於各個別事象或感覺的（代入）理解，模型蘊涵與演繹，既然模型建構是認識的基礎過程，而知識認識之具有人類心智主動創構成分的重要部分是模型創構而不是資料的拼集，不是現成資料的拼集或演繹與簡單的歸納可及，而是完形整體模型假設的創造，這完形整體創構超越各個別事象與感覺的層次，它是心智天賦的能力，天賦的原型爲基礎之下以心智經驗學習中假設創構，具有演化出來的認識的基本天賦能力的部分。

所謂看到，觀察到，就是我們戴著層層建構在先的模型眼鏡（包括知覺模型）看外來資訊「代入」層層模型網絡之中，呈現出具有模型架構的表象，藉著模型整體的操作蘊涵而將外在世界表象成知識的形式而加以理解。

延續說明：

量子力學的哥本哈根詮釋從一個詭論出發；物理中的任何實驗，無論是關於日常生活現象的或是原子事件的，都必須以古典物理的名詞來加以描述。古典物理學觀念構成了描述實驗的安排和陳述其結果所運用的語言。我們不能也不應以其他的觀念代替這些觀念，固然這些觀念的運用受到不確定關係的限制。我們在運用古典觀念的時候，必須把它們可以應用的有效級距牢記在心，但我們不能也不應嘗試去改進它們。

從古典物理到相對論物理再到量子力學的理論，其中經歷科學革命，典範的變遷。量子力學對於顯微（microscopic）世界的描繪，他的思想網絡異於古典力學的典範思想，儘管古典力學，相對論物理和量子力學之間思想網路有它的差異存在〔例如量子力學和隱變量理論（Hidden Variable Theory）之間的差異〕但是量子顯微世界的理論，仍然必須能夠蘊涵關連到眼視（macroscopic）世界的操作觀察驗證事象加以驗證（事實上非常成功的驗證實驗）也就是說；量子顯微世界的理論表述內容和眼視世界經驗的描述必有其共同架構可供關連。量子力學的哥本哈根詮釋指出了它們兩者共同必須用古典力學的名詞來加以描述。

人類認識外在世界，基本知識的原型，就是從知覺基礎上來一直到科學理論典範的架構都是在於操作模型的完形建構，從亞里士多德到牛頓到愛因斯坦到海森堡，科學革命，典範變遷如何進行，知識的基本原型就是完形操作模型的假設建構。

「我們可以說物理是科學的一支，其目的在於描述與了解自然；而任何的了解，無論是否科學，都依賴我們所運用的語言，我們的觀念交通方式；每一個對現象、實驗和其結果的描述，只有賴語言做交通的工具。但我們語言中的字詞代表的是日常生活中的觀念。

即使在物理學的科學語言中也僅修飾到古典物理的觀念而已，這些觀念是事件，實驗的設置及其結果不分歧傳達的唯一工具。如果原子物理學家被要求描述一下他實驗裡眞正發生了什麼，那「描述」、「眞正」和「發生」這些字辭也僅指涉了日常生活中和古典物理中的觀念而已，而如果物理學家放棄了以這些字辭爲說明的基礎，他就失去了不混歧傳達的工具，也無法繼續他的科學了。因此任何關於「確實發生了什麼」的陳述只是以古典觀念爲語辭的陳述而已……。」（海森堡《物理與哲學》）

中學課堂上老師在黑板前面移動大型的圓規和三角板在空中運動在黑板上作圖，他們默認，沒有明文定義的圓規和三角板不因移動位置改變了大小，簡而言之老師使用了圓規和三角板的物理性質在描述幾何的推演（沒有清楚定義他們），這不像純粹的數學式的數學，歐幾里得平面幾何沒有讓圓規和三角板在空間中運作的描述，當說到作圓時只說到「作一圓」沒說到運作圓規。歐幾里得《幾何原木》的推演完全只有邏輯上的程序在推演，完全是數學式的數學，他的公設沒有幾條，每一條都很簡單平淡無奇的感覺，他的推論公理也就是他的推論規則一樣非常簡單好像平淡無奇，結果推演出像畢氏定理，九點共圓一直到非常複雜美妙一大堆的定理，那種複雜美妙的程度已經遠遠超出我們直覺直觀可以判定的範圍，所謂邏輯的過程，邏輯只是展示（所謂的推演）前提的蘊含，邏輯並沒有在前提的內容上面加上其他的東西，它只是把前提蘊含的內容展示出來而已，簡而言之邏輯所推演出來的幾何的定理，他的內容全部被包含在那幾條如此的簡單，看起來如此的平淡無奇的公式裡面。數學其他部位的公設推演一樣也是從平淡無奇的前提公設推演出非常迂迴複雜的定理，如果把幾何，代數甚至於三角等合起來一起進行推演，我們可以看到何其多的複雜美妙的定理呈現出來，我在高中的時候曾經被二項式定理，棣美弗定律感到驚嘆不已，只因爲特別感到興趣，解析幾何這一門學科我鍛鍊到百煉金剛的地步，深入每一個細節來龍去脈，橢圓平行弦中點的連線爲一直線，此直線過橢圓的中心（橢圓的直徑）這個題目其中有一個關鍵的美妙的地方，曾經把這一類題目拿來給同事們欣賞從來沒有一個做得出來，他們的反應是：讓我用微積分試試看，他在胡鬧！到了微積分以後，更多更複雜，更美妙，更均勻，實用性的定理令人嘆爲觀止！我的問題是，所有這一些都是從那些簡單明瞭看起來平淡無奇的公設藉由簡單的推論規則，完全只有邏輯的過程，且以歐幾里德幾何爲例子，如此平淡無奇的，如此簡單的公設前提，可以推演出九點共圓，畢氏定理等，一直到那麼一大堆如此複雜遠超過我們直覺可以判斷的範圍，爲什麼？這個問題我問一位數學系的同事，他的回答是：數學家太聰明了所以想出來的結果。這個回答等於沒有回答，等於廢話一堆。

聰明的數學家爲什麼可以從如此簡單平淡無奇的公設前提，只有憑藉著邏輯的推演，能夠推演出那麼壯觀的眞理？我的問題很單純，我自己的回答也很單純：用圍棋比象棋來比喻更恰當，圍棋棋盤在二維平面上，簡單的黑白兩種顏色的圍棋子可以操作變化出無窮無盡的棋局變化圖案，七巧板因爲可以操作變換位置，簡單的一組積木可以堆砌成許多不同的房屋，一條公設裡面的符號有常數符號可以變換位置，變數符號可以被各種符號取代與變換位置，在變換規則（推論規則）（代換與形變）運作下，一條簡單的公設就有如一個模型一樣可以操作變化出無窮無盡的結果，如果再加上別一條，再加上好幾條的公設同時納入形變規則運作之下的重疊交叉一起的形變之中，可以得到非常豐富，非常壯觀的定理形式出來。語句演算四個公設就是四串簡單的符號串，能夠推演出來複雜長串的符號串，原因在於代換與形變規則的操作形變的功能作用所導致。任一條幾何公設都有普遍性及於整個空間場域的操作模型式的描述，這種操作變化的特性就是導致於從簡單平淡無奇的公式可以推演出形貌不同迂迴複雜的定理的原因。兩個或兩個以上的公設的操作同時並用，可以造成非常迂迴複雜的定理的結果。同類的話適用於其他的數學、物理各方面公設推演的狀況。

這些定理他的內容全部來自於公式前提的蘊涵，因爲他是從諸公式裡面形變規則邏輯過程推演出來的，邏輯沒有爲公式增加內容，邏輯只是展示公式蘊含的東西。因此這些定理的內容都在公式的蘊含裡面，從公式到定理的推演證明固然需要聰明的頭腦，但是更厲害的是訂定整組公式的數學家。

後面這一段隨性輕鬆的漫談接在後面，暫無理由說明。同樣歸入於斟酌閱讀。

歐幾里得幾何每一條公設看起來都非常的簡單透明，平淡無奇，可是它們都是及於整個平面的普遍的動態的普遍操作的敘述，把它看成一個簡單的操作的模型。其它的公式一樣也是雖然平淡無奇，簡單透明可是同樣及於整個平面的範圍，同樣它是普遍的動態的操作的敘述，視爲及於整個平面的一個操作的模型，這就是造成從簡單平淡的公設樣貌到複雜定理樣貌的原因。兩個公設，也就是兩個操作模型同時運作，可以得出無數的排列組合的可能結果，一整組的公式一起運作，可以產生的交相層層相疊的組合結果就非常可觀。以上說明了爲什麼平淡無奇的公式組，經過邏輯的推演（邏輯只是在於展示公設前提的蘊涵，邏輯並沒有爲公設前提另外加上其他內容），可以推衍出如此龐大，複雜，巧妙的定理。

語句演算的邏輯推演，從四個公式前提其動態操作的部分僅只經由結合、代換與斷離的形變規則，不同於幾何公設推演。從形式演算推演出大量複雜的定理如此透明的過程更適合用來明白說明我在上面想要說明的內容。

歐幾里得的《幾何原本》裡面推演過程，全部嚴格邏輯過程，中學老師讓圓規和直尺離開平面在空間中運動位移，只是一種權宜的措施，他涉及到圓規和直尺的物理性質的隱含描述（隱涵了對於圓規和直尺在空間中位移過程方向上長度恆定不變的定義，涉入圓規和直尺的物理性質，屬於物理式數學）。歐幾里得提出幾個看起來平淡無奇的普遍性的公式，用來蘊涵整體的幾何定理，這是他偉大的地方。

第十三篇

簡單介紹主觀唯心論

作者在臉書裡面（帳號：Morgan Tsai）二〇二二年十一月Ka和K（第九、第十、第十二連同本篇相互密切關連完整說明主觀唯心論）以及二〇二三年七月中G字（第九、第十、第十二連同本篇成一相互密切關連，才算整體完整說明了主觀唯心論的主旨內涵）系列貼文介紹了從笛卡兒到康德的哲學。本篇只從中摘取巴克萊主觀唯心論的部分加以簡單的介紹。其他的部分因爲和全書主旨暫時不相干所以略去不提。

洛克把物體的性質分爲兩種：第一質性，和第二質性。

洛克認爲物體的第二質性，如聲，嗅、色、堅實、柔軟、光滑等建立在五官的感受上，屬於人主觀的感覺，不屬於外在事物的本身。第一質性如形體、可運動性、實質、延展性、數量、不可穿透性等和空間有關的這些性質，是外在客觀物體眞實的存在性質。洛克這種想法，這種主張很合乎當時或者甚至於現在一般人常識的看法。巴克萊主教立刻指出他的錯誤。巴克萊提出他的一種被人稱之爲主觀唯心論的說法：巴克萊認爲不只物體的第二質性是我們主觀的感覺，他說物體的第一質性它的幾何形狀、大小、延展性所有這些東西同樣都只是我們心中的觀念而已（idea 這個字從古希臘到十七世紀英倫人的用法有大改變，這件事情雖然重要，但是沒有時間說明，我盡量不引用英文，這個是例外把它翻譯成爲觀念），巴克萊說過眼前一顆樹的存在，是因爲我們知覺到它，它的存在在於被我們知覺。他說：「存在即被知覺」。巴克萊說：「任何的感知都必定是個觀念（idea），觀念不能外心靈而存在。」現在用我的語言來幫他們說話，首先請你牢牢的記住，你看到一棵樹，所謂的看到也就是知覺（perceive）到一顆樹，請注意，你的感官所接觸到的只有刺激，那一顆樹並沒有進入你的感官也沒有進入你的頭腦，再說一次你所接觸到的只有刺激，結果你看到一棵樹，再請你特別注意這一顆樹作爲知覺對象（percept知覺心象；不能外於心而存在），一個心中的觀念，你所謂的看到一棵樹只是你的心中的知覺對象，只是一個心中的觀念，在你的腦殼裡面的觀念，被你認爲存在外界的一顆樹。你皮膚很癢，你不會認爲你的癢是客觀存在外接的東西，你一定會認爲你的癢是主觀的感覺，你往往會認爲你這個癢在你的皮膚上面，其實那個癢是在你的腦殼裡面發生的心理的現象，發生在腦殼裡面的心裡的現象，被你「推理」認爲（「看成爲」）它發生在皮膚上面，這個推理你自己沒有感覺，這種推理叫做「潛意識推理」（德國科學家荷爾姆霍茲發明的用語）。同樣的道理，一朵花它的香味，它的顏色等你認爲他是存在外界的客觀發生的事情，其實任何的感覺一定是發生在腦殼裡面心裡的現象，認爲它在外面，這是你心裡一種潛意識推理，把他它認爲它在外面存在。在這種事實以及這種邏輯之下，你看到一棵樹，沒有任何東西進入你的感官進入你的頭腦，也就是沒有一顆樹進入你的感官進入你的頭腦，你所接觸的只有刺激，因此你看到一顆樹完全是你腦殼裡面發生的現象，也就是一棵樹的知覺，那一顆樹作爲一種知覺對象 percept 存在你的腦裡面發生的一種現象，這現象包括潛意識推理成爲腦殼外面一顆客觀存在的樹，這叫做「隔空超距影像描繪」是一種知覺心象，觀念是一種「潛意識推理」過程的結果。

當你在床上睡覺，夢到你看到一顆樹，你認爲這一顆樹存在外面的空間裡面，你還到外面去走動甚至去爬樹，所有你夢到的任何的內容都是你內心的過程，都是一些觀念的集合的運作，夢中你認爲樹存在外面，那是你的想像，是你腦裡面的潛意識推理隔空超距描繪出來的結果，完全是無中生有的一棵樹，他從頭到尾只是你心中的觀念。當代的心理學家許多實驗仔細的推理告訴我們，我們所看到的一切都必須經過心智的創構超距表象。在一種清醒的白日夢狀況之下我們看到知覺到各種物體的存在，這些東西都是我們腦殼裡面發生的現象、潛意識推理、清醒白日夢、清醒想像超距描繪出來的結果。

且補充說明一下笛卡兒，然後再回到主題。笛卡兒是近代哲學的祖師，他把西洋哲學從形而上（metaphysics）的論辯導入於認識論（epistemology）的論辯長達三百多年，我用最簡單幾個字來說明這個轉折：「太極生兩儀，兩儀生四象……道可道非常道，名可名非常名……。」古希臘也有「太一」（The One）、一元論、多元論等這一類的東西，從笛卡兒以後大家開始注意人類的頭腦要用來思考，想要來了解所謂的宇宙太上根本原理之前是不是要先研究一下檢討一下自己腦袋的功能、限度、性質究竟是怎麼回事。從笛卡兒以後認識論的爭辯進行三百多年。笛卡兒成爲近代哲學的祖師，他的名言「我思故我在」是從做夢開始講起，夢這種現象給很多哲學家帶來啓發，帶來靈感。讀我臉書的朋友我相信大多數人不知道笛卡兒我思故我在到底是怎麼回事。以下先做一個簡單的介紹，康德的純粹理性批判八百多頁，前往康德哲學的路上還有很多準備工作，大家放輕鬆來欣賞一路上的美麗風景，你們有一位超級的嚮導，別地方絕對找不到。十七世紀法國哲學家笛卡兒說過：「我坐在火爐的旁邊烤火，我可以懷疑嗎？當然可以！因爲上一次當我以爲我坐在火爐旁邊烤火的時候，事實上我是赤裸裸的躺在床上睡覺！」（意指他做夢夢到他在火爐旁邊烤火）笛卡兒接下去進一步說他可以懷疑一切他所知道所看到的，就如同做夢一樣夢到的，他說或許有可能一個萬能的魔鬼讓我看到我所看到的一切，其實這些全部都是有如夢境一樣的虛假，他講話的重點是以下這件事情：他說就算一切都是萬能的魔鬼在騙我，但是至少有一件事情是確確實實不容懷疑的事實，那就是我存在，因爲即使要被欺騙也要有我存在才會被欺騙，所以他說當我思想的時候我就可以確定我是存在的，他說他把我思想可以確定我存在列爲他的第一原理。笛卡兒我存在的說法被後來的休謨（David Hume）所否定，後面等我們談到休謨時或許會再提到這件事情。上面的重點是近代哲學的起源開始於笛卡兒說夢這件事情，接下去我要用到夢的事實來說明許多事情。

前面講到巴克萊說前面那一顆樹之所以存在是因爲我們看到它知覺到它，當我們沒有在看它的時候它繼續存在是因爲上帝知覺到它，上帝看到它。

巴克萊的書裡面講了很多的理由舉了很多例子來說明他的主觀唯心論，我說過我們跳過，但是只要記得其中一件：他的意思是說那棵樹只能夠作爲一個觀念被我們所認識所看到，他說的更清楚一點：那棵樹只能以作爲我們的知覺對象而存在，而被看到；或者我們對這棵樹所看到的所知道的只有這棵樹的觀念，這棵樹只能以作爲我們的知覺對象而存在。

談到這裡要提醒一件事，那就是 idea 這個字從柏拉圖一直到十七世紀英倫經驗派哲學家他們的用法有了很重大的演變。柏拉圖講的觀念例如一個圓的觀念，和巴克萊講的觀念，例如一顆樹的觀念是不一樣的東西，如果把它們都歸類為唯心論，也必須要區分為不同的唯心論，柏拉圖那種唯心論屬於客觀唯心論的一種。Idealism 這個字可以翻譯成為理想主義，但是用在哲學上面，它的意思是唯心論，或者稱之為觀念論，但是我曾經在許多中文翻譯本的書上看到，把明顯應該翻譯成為唯心論或者觀念論的地方他翻譯成為理想主義，整本書從頭到尾錯到底，讓讀者讀到從頭錯到尾。

巴克萊提出來一種主觀唯心論，他的書說得很清楚也很簡單，很天才很有創意，他分經驗的和邏輯的兩方面來證明他的觀點，他的著作裡面有一本是利用兩個人對話跟辯論，一個叫做希拉斯就是你閣下的想法，另外一個名叫做菲羅奴斯就是巴克萊本人主觀唯心論的想法，他利用兩個人的辯論過程來襌釋他的理論，當然最後代表他本人的菲羅奴斯辯倒了代表一般人看法的那個對手。他的書當然是經典，但是後來的人講的更正確更清楚。我用最少的文字讓你們知道巴克萊主教他在說什麼？他說前面這棵樹之所以存在是因為有你去知覺到它，所謂存在就是被知覺。有人立刻問他：那麼當然沒有人去看這顆樹，這顆樹是不是繼續存在，回答是：當沒有人看這棵樹，沒有人知覺這一棵樹，這一顆樹還是繼續存在，因爲上帝在知覺著它。他有一些經驗上的證明非常幼稚，例如他說一個物體我靠近它，它就看起來很大，遠離它，它就看起來很小，所以它的大小是我們主觀的感覺。邏輯上的看法他有說到：我們必須要透過知覺的心理過程來看到這顆樹，而知覺是一個心理的過程，這棵樹的知覺因此不可能外於我們的心智而存在，它必定存在於我們的心智裡面。

巴克萊的名言是：存在即被知覺。

回顧幾百年前的時代當時開創科學哲學的先驅他們所提出來的一些當時非常先進創新的東西今天大多數都在國中教科書裡面去教授那些少年學生。

心智感官頭腦主動建構的事實，唯心論的哲學家，知覺心理學裡面的建構學說有非常清楚的論述，在本書前半部裡面作者也有自己獨特的方式明白的說明，一般讀者基於常識的基礎觀點難免要問：那一顆樹的存在如果全部都是心智感官頭腦所造出來的，那麼沒有心智頭腦涉及的世界將是如何？我們將如何看待沒有心智感官頭腦涉入的外在世界？人類未曾運思之前，外在世界有無物觀的存在？

作者本人自認爲對於這個問題有獨特突破性完整透徹的理解，但是因爲和本書宗旨目的不同，主要因爲深度和廣度差異太大，並未加以過多引述。特此加以說明。

｜附錄1｜
（一）緣起、三法印、唯心唯識
（二）觀法在法

（一）緣起、三法印、唯心唯識

佛教的核心理論，除了唯心唯識的理論對一般人而言比較不易說明清楚，最爲核心的緣起與三法印可謂頗爲清楚明白，只要經過適當的解說，一般人均不難理解。

1. 緣起——佛教的基本理論

「諸法因緣生，諸法因緣滅。」一切有形無形的事物，其產生與消滅都有它的原因，不會無緣無故，或無因緣而產生或消滅（此處「法」意指一切有形或無形的事物）。

佛教認爲，一切事物皆由因緣和合而生，其內在的因素叫做「因」，其賴以生起的條件叫做「緣」。有時，佛教又稱因緣爲因，指產生結果的原因。

2. 空（無自性，無實體）——佛教的重要概念

「因緣所生法，我說即是空。」「緣起性空，性空緣起。」隨因緣而發生與變化生滅的事物不具自性實體，呈現一種非實體「空」的狀態。隨因緣不斷變化的現象是 such，不是 this 沒有實體。

簡單類比說明如下：

(1) 傀儡的類比

傀儡的每一動作全由人操縱，表演傀儡戲的人透過連在傀儡身上的線加以操縱，傀儡全無自主，全隨因緣而定。

傀儡的產生由人取材、設計製作，傀儡報廢由人拆解丟棄、資源回收，傀儡的生死由因緣決定。連接傀儡身上的細線通往表演者的手上，傀儡和外界無法分離，傀儡身上的構成物，取自外界，和外物性質變化一樣，和外界不停因緣互動與變化，例如傀儡一樣受重力而固定在地面，遇火燃燒、遇水潮溼等，簡而言之傀儡和世界不可分，亦未曾分，傀儡獨立自主存在是人心造的假相，傀儡始終融在世界整體的因緣互動網中，無常變化不停。

傀儡的生滅變化全由因緣所定，傀儡無自性實體，整個傀儡呈現空相，傀儡的自性實體相是心造的假相。

如同傀儡名是人給予的，傀儡的自性實體相也是人給予的。沒有傀儡的自我（傀儡沒有你、我、他之分別，無我的說法，下文詳細說明）與自性整體，這傀儡呈現一種空相。（現象狀態 such 沒有自我實體 this「空」。）

以此類比一切空無實體自性的事物。

(2) 瀑布、河流與波浪的類比

諸行無常（一切的現象每刹那都在變化中）和諸法無我（各種有形無形的事物都沒有自我自性實體——無我、無實體。）兩者屬同一件事情——諸法實相（事物的眞實樣貌）。

以瀑布、河流與波浪加以類比變化不拘空無自性實體，看似靜止而且形狀固定的瀑布和河流（穩定流，不是擾亂流），其實不停流動，奔騰傾瀉，每一瞬間都在變化，並無瞬間固定與靜止，構成這一瞬間的瀑布或流水，下一瞬間已由別的水加以取代，兩次伸腿進入同一河流，最後所接觸的已經是不同的水，外表看似形狀固定、靜止不動的瀑布與河流，其實並無固定實體（不是 this），而是每一瞬間都在變化（只是 such 的現象狀態），這瀑布與流水的形性，一切決定於各種因緣的和合，沒有它自己的自性主體，它的固定形狀的實體相是假相，河流和瀑布的固定形狀的外貌是一個一時狀態，不是不變實體，它們全都隨因緣而生滅，所以是空無實體，是本體性空。

波浪的產生與消退決定於水的聚散、震動、水的重量、風吹、別的波浪互相推擠等（全由各種因緣所決定）。

個別的波浪只是個由因緣所生的一時狀態，如那傾瀉而下的瀑布一樣，是如此如此的非實體的狀態或現象，因此稱之爲「空」。這波浪是瞬間變化，構成波浪的水每一瞬間都在更替。是狀態的變化，那波浪既屬非實體的空，本體性空，因此一波浪的生起與消滅，並沒有任何實體的生起與消滅，只有表象上的生滅。看似固定形體的瀑布、河流與波浪，其實乃是呈現一種空性，無自性實體的現象狀態，以此類比一切呈現空無自性實體的事物。

上面傀儡、瀑布、河流、波浪所呈現的無自性實體的空相可以用來類比一切由因緣和合所生滅與變化的事物所呈現的無自性實體的空相。

佛教認爲一切由因緣和合所不停生滅與變化的事物都是無自性實體的空相。因爲如同傀儡的一切由人所操縱的細線決定一樣，一切事物從內在到外在的整體都是由因緣的細線牽動而決定該事物的生滅變化，沒有自主自性的實體而呈現空相。

由於所有事物全都融入於世界整體現象之中，彼此因緣互動互入而不可分，整個世界呈現爲一因緣互動互入不停無常變化的現象之網，各事物獨立存在實體是假相，所有事物均呈現空相（such，不是this），整個世界也同時呈現為不具自性實體的空相，一變動不居的無常現象整體正可以由上述瀑布水流加以類比（此中所蘊涵的人的無我論，下文說明）。

3. 三法印

三法印是指，「諸行無常」、「諸法無我」、「涅槃寂靜」，這三個法印可以用以印定一種言論是否屬於佛法。

要判定一種言論是否合於佛法，可以用三法印加以印定：任何言論，凡是合乎三法印的意涵，即可被認定為合乎佛法，三法印是用於鑑別是否佛法的準繩。

三法印是佛教思想的基本核心架構。

先簡單列舉說明如下，下文將另有補充說明。

(1) 諸行無常：一切現象皆在剎那間流變異常，無一常住不變。

(2) 諸法無我：從無常可以推論出無我無實體，反之亦然，請參考「觀法在法」一篇。一切現象都是由於各種因緣互動和合而生滅，互依互存，無獨立自體性，無實體性。個人肉身的自我和精神的自我實體是假相，是人自己心造的假相，進一步言，一切有形無形的事物的自主實體相，本體狀也是心造的假相。這是一個無我、無實體的現象的世界（下文類比說明）。

(3) 涅槃寂靜；從現象上觀察，一切事物不斷地在變化，可是實際上沒有變化與生滅的實體，也就是說沒有任何實體在變化——從現象的變化中透視出沒有實體在生滅的這種實相，心不執著於自我以及任何的實體與實體的生滅，沒有任何執著而超越生死以及一切無常變化的一種平等寧靜狀態的類似於一種超越性的愉悅解脫境界。

4. 一實相印：即諸法實相，其內容等同三法印，可以用以印證是否屬佛法的準繩。

諸法實相；如前文多所解釋，一切有形無形事物的眞實相狀，就是一切事物都是隨因緣和合而發生與聚散，都是不具實體性的，變化無常的現象或狀態，宇宙萬有都是由因緣和合而生起，彼此因緣和合互入融合而成的一動態變化的全面關連的動態的現象之網，一個因緣所生法的世界，就是一個根本上、本體上「空」的世界（本體性空）。整體上「無我」、「無實體」、「無常」的世界（人無我，法無我），由因緣所生法而認識到一個本體性空的現象世界 such 非 this，如此認識萬物的方法叫做如實認知諸法實相，顯然諸法實相意指諸法的眞實相狀是一種本體空的狀態，諸法所呈現的是一種空相。

5. 無我論（諸法無我印補充說明之一）

涵蓋在三法印裡面的無我論是佛教思想裏面極其重要的部分。佛教常教人破除我執，不要妄執有我，藉此求得解脫。

以下且先從機器人的無我論的類比說起。

(1) 機器人無我論類比

許多工廠從各種物質材料中生產許許多多的電子、機械零件及線路等，提供製造機器人或各種機器設備，這些機器人或設備，老舊之後拆解，零件被融化重鑄，製成新的零件與機器人，如此永遠持續變化不斷，唯一不變的是這些物質的存在，做爲材料之用途。

假如其中有一種機器人說它自己是一個具有獨立自主自我存在實體的個體，它會遭受否定：「你的全身組成配備，全部是工廠裝配而成，各零件是其他工廠鑄造而成，你的能量不斷由外部輸入給你，你的運作一切按照工學原理，這工學原理是一切事物都一樣遵行，簡而言之，你的全身是由各種因緣和合而成，你全身沒有一個部分不和世界因緣互動互入，和整個世界在互相因緣動態的關係中成爲一體，沒有你獨立自主的餘地，所以你的全身只是個依賴因緣而起的一時狀態，是個 such，不是個 this，如同那飛奔下墜的瀑布，穩定流動的河流和那燃燒發光燭火火焰一樣，它們穩定看起來像固定形狀的外型是心造的假象，只是個 such 並不具有不變的實體，不具實體的狀態稱之爲『空』，內部是瞬間變化的水和不斷更替，燒盡又遞補新的燒紅的碳粒子。你的身體無論裝備多堅固、功能多齊全、品牌多有名，它仍然只是個依靠因緣而不斷生滅的不具實體暫時狀態「空」，沒有所謂自主的自我實體之存在。」

這機器人退而求其次說：「既然我不能以我的身體和世界作一區分以呈現自我的存在，既然我的身體和世界盤根錯節在一起、交互作用在一起，無法分開，我的身體是世界的一部分。那麼我可不可以說我的精神，我的意識，尤其是我所擁有的自我意識作爲自我實體以別於世界之外？」回答是：「這精神上的、意識上的自我實體的說法比身體自我的實體的更不實際，因爲這些也全都是由因緣所不斷生滅變化，一種如此如此的不具實體的現象（精神現象），工廠可以從軟體的灌輸或硬體的改造，使你有自我或無自我的想法甚至使你變成植物機器人－什麼意識都沒有，簡而言之，你的意識狀態，同樣只是由因緣而生滅的一時無所謂實體的現象無所謂自我之存在，是個 such，不是 this（無實體故稱之爲『空』）」。

假如這機器人居然說到它的自由意志，例如說它可能主張說它可以自由選擇決定舉右手或舉左手或不舉手等。得到的回答是：「你的決定，看起來是你自己自由意志所決定，但其實你的每一想法，包括每一決定都決定於你身上零件、能量以及種種因緣的運作結果，連你自以爲有自由意志的這種想法，也與你身上軟硬體與能量的運作有關，你自以爲自由意志的其實乃是一假象。」同樣的話可以用來駁斥那機器人主張自己具有靈魂的說法。

水的震動變化現象中，我們的心造出波浪的名，並造出波浪實體存在的假相（其實它只是個狀態）。水的奔流墜下變化中，我們的心造出瀑布實體的假相與名稱，不斷飛舞燒盡的熾熱燃燒的大群碳粒子的變化中，我們的心造出火焰的名稱並用以指稱那火焰實體的假相（那火焰每一瞬間都由不同的碳粒子組成，那火焰不是固定不變的實體）。

各種金屬、非金屬、各種物質用來製造機器人，用久了折舊、報廢拆解、重造別的機器人，永遠持續不斷變化。

這世界一切現象不斷變化，沒有瞬間停止，但在這變化無常的世界中，一切的事物當中，沒有任何自我實體自性的存在與消滅。

這機器人因此明瞭沒有自由意志，沒有靈魂實體，沒有自我實體自性的此一事實。

既然沒有實體自性，沒有所謂自我的存在，當然也就沒有自我的毀滅或死亡的問題。

這機器人因此在變化無常的一切事物中，透視出個人自我無所謂的生死，它因此得到一種領悟而不爲變化無常的現象所困擾，超脫於生死以及一切名利等等價值的執著之外而產生一種超然的究竟圓滿平等清淨心境。

假如果眞機器人能如此理解如此想法，我們可以說這機器人涅槃了。

(2) 人的無我

人和傀儡、機器人有所不同，然而根據佛教的緣起說法，三者全都是依因緣而生滅。因此，人的狀況可以由傀儡、機器人的類比加以理解。

人雖然不像傀儡一樣由細線連接到外面，並由細線完全加以左右控制，然而，各種因緣的細線把人的肉身每一部份與精神每一部份關連到世界整體之中，互動互入不可分別。

人的色身（肉身）是由各種物質構成，這些物質與外在環境始終不斷地因緣關連互動，彼此同在同一因緣的網中密不可分，依相同的自然律運行。例如每一瞬間的呼吸、飲食、消化、排泄，因此色身與外在世界血肉關連密不可分，也就是說並沒有獨立自主的「自我」。把人的肉身視爲外於世界的自我。完全是分別心造作出來的結果，分別心給予相（我相）給予「我」名。事實上，這我相是虛妄的。

每個人都有他自我的意識，可以區分自己與別人，自己的肉身不能算自我，那麼這精神的自我意識主體是否可以證明有一獨立存在的自我？佛教指出這自我也是由其他的精神成分依因緣和合、聚散而聚散。因此也是個 such 不是個 this，是個空。當人深深地沉浸於自我，感覺自我時，事實上可能是一些感覺，觀念不斷聚散因緣和合產生的一種思想的狀態，了不起只是一些思想意識的狀態，一種現象。卻被自己的分別心看成，造作成一自我的存在。其實這精神上的自我同樣也只是個妄執。

簡而言之，色身與精神的自我都是一大因緣網中的一個環節，是一如此如此 such 的狀態而不是獨立自主的自我或實體。它永遠有關係的兩端與外在世界成有機的連結。

(3) 重複再說一次無我論

許多無我論的哲學家顯然認爲：把自己的肉身視爲自我（主體）以別於外在世界（客體）是錯誤的。因爲整個肉身也是世界的一部分，它也完全依照自然法則運作與變化，它與世界是一個整體而不可分的，它也是世界密不可分的一個部分。從呼吸到攝取營養、排泄作用以及各種生命的乃至於物理與化學的過程，這肉身每一個瞬間都在變化與增減（無一固定實體自我），每一瞬間都與整個自然世界交互作用，（外在的食物與空氣變成身體的營養，再變成身體的組織成分，身體的組織成分分解排泄出去，成爲外在世界的物質。……）有如懷孕期間的胎兒與母體一樣，成爲一體，不可分離。

構成這肉身的細胞每一瞬間都有死亡與新生，不斷地新陳代謝，沒有固定而永不變易的肉身可被視為一獨立實體的自我。

假如放棄以肉身作為自我，而以自己的心靈為自我（主體）以別於客體的世界，這也是錯誤的。

十七世紀的笛卡兒以「我思想」這事實來推斷「我存在」。笛卡兒認為：即使一切的事物都有可能為虛假不實在。然而，「當我要去思想一切都是假的時候，必須是正在思想的我是存在的，……『我思故我在』這個眞理是如此強固而確定，一切最大膽的懷疑的假定皆無法加以推翻……。」

然而十九世紀英國哲學家休謨則主張了一種無我論，他自心理學中摒棄了「實體」的觀念。他說：「以我而言，當我深入內省我所稱為的『自我』時，我總是為冷或熱，光或暗，愛或恨，苦或樂的某些特殊感覺所迷惑。除感覺外，我再也看不到任何東西」「自我只是一群不同的感覺的聚合。以難以置信的速度接踵而至，而且在一種永恆的流動狀態之中。」他認為如有「自我」這種東西，也是永遠無法感覺得到的。因此我們不能有自我的觀念。笛卡兒「我思故我在」的說法只能說有思想，卻不能斷言「我」存在。

既然肉身自我不存在，心識自我也不存在，也就是說：自我實體不存在。當一個個體生命終止而死亡的此一自然現象發生時，並不表示一個特別實體自我的毀滅，因為本來就不存在的東西是不會毀滅的，隨著一個體的死亡所消失掉的只是個體的意識消散，肉體腐朽，生命現象停止，而所有這些只是某一特殊個別自然現象的變化而已，自然律與自然內在的本身依然永恆存在與運作，有如一個水波消失，另一水波興起，而水的存在與波動依舊。

一個生命個體的形成與死亡的分解腐朽，心識與精神現象的形成與死後的消散，簡而言之，每一生命個體的生與死都只是自然一時眾多外在的現象之一而已，它在自然裡面發生與變化，生與死都在自然之中，不能離開自然。

(4) 哲學家對「自我」的看法供參考（可參考《科學大哉問》，作者：Keith S）

「洛克在其著作《人類悟性論》（Essay concerning Human Understanding）中，藉由提出記憶是讓「自我」長期延續的機制，來解決人格同一（personal identity）的問題。當休姆把注意力轉向這個「自我」時，發現除了一堆印象（impression）之外，沒有內省證據可證明自我的存在，因此他將自我視爲虛構的想像。」

「現代的心靈哲學頂多稍微修改了這個觀察而已。哲學家安東尼．肯尼（Anthony Kenny）堅持，自我是「哲學家誤解反身代名詞所產生的愚昧說法」。同爲哲學家的羅伯．諾齊克（Robert Nozick）也認爲，自我是「在反身自我指涉（reflexive self-reference）行爲中所合成的」。換言之，它只是反省的產物。」

德奈特認爲，自我是一種「敘事引力中心」（centre of narrative gravity，亦即爲理論家的想像，但是具有解釋功能），而有關裂腦（split-brain）病人的研究同樣支持他的見解。達特茅斯學院（Dartmouth College）認知神經學家麥克．葛詹尼加（Michael Gazzaniga）對裂腦病人進行研究後證明，自我的觀念是由位於左半腦的「解釋者」（interpreter）機制所建構的，這項功能會建構出非常一致的想像敘事，足以維持穩定的自我觀念，左半腦受損的病人會缺乏這項功能。社會心理學家和人類學家已經證實，不同文化的自我觀念差異很大，而且自我是在社會互動下建構而成的——「沒有社會反映，不可能有心靈反映」。

「最近出版的書籍嘗試將有關自我觀念的哲學懷疑論、東方冥想實務與認知神經學的實驗發現相互整合，特別是詹姆斯．奧斯丁（James Austin）的《禪與腦》（Zen and the Brain），在奧斯丁的箴言「意識起於自我消融之時」的鼓勵下，美國神經學家安迪．紐伯格（Andy Newberg）嘗試實際找出在傳統上與冥想及宗教神祕論相關的自我消融感，究竟與哪些腦部機制有關。」

(5)自我問題和決定論與自由意志問題的密切關連

「意識的第三個問題與自我問題密切相關，也就是行動（agency）問題。若自我是虛構的，那麼這些意識意志活動的作者是誰？更重要的是，當行動者（agent）顯然受限於（決定論的）物理定律，爲何我們仍具有自由行動（free agency）感？

目前對於意識這三個問題之間的重疊程度，看法仍相當分歧。對查爾莫斯而言，感知能力甚至可能是所有功能系統（包括恆溫器）的特質之一，而自我與自由行動則屬於複雜的語言系統。相對地，瑟爾認爲意識是複雜生物系統的自然特性，並宣稱眞正欠缺解釋的是意志（volition）與自由行動的領域。德奈特認爲，所謂決定論與自由意志之間的衝突，在於我們無法充分了解演化設計的含意因而產生的假二分法。至於在混沌理論的領域，富利曼及其支持者堅持這些都是僞問題，是因爲拒絕接受休姆所謂「因果觀念」屬於人類心理學的一個構念（construct）而引起的。」

6. 無實體論（諸法無我印補充說明之二）

小乘人聽了「諸法無我印」的道理、破人我見、證我空眞如，可是尚有所知障（法執）故有所執，僅能證小乘涅槃。意思是說他知道了無我的道理，可是還執著於事物本體存在的看法。例如說，他知道自我不存在，但他卻認爲：「構成身體的各物質存在、精神存在，不了解宇宙萬有只是現象而無實體的道理。」大乘人則進一步禪述諸法實相的道理（「我空」「法空」的宇宙）瞭解一個無我，無實體的現象宇宙。

既然所有有形與無形，精神與物質的事物全都隨各種因緣支配而發生與不斷變化無固定自性實體，而隨因緣支配的事物都是無自性實體的空，因此整個宇宙所發生的變化的所有事物都是無自性實體的空，這是一個無自我、無實體的現象的宇宙。是一個變化不居的無常的宇宙。可以用瀑布、波浪加以類比；瀑布看似固定的形體其實只是個假象，瀑布無固定形體，而是不斷更替變化的一種空相狀態。

(1)無常變化的宇宙

各個別事物的分別是假相，所有事物因緣互入互動，互相融入於整體變化不停的現象宇宙之中。（姑且用瀑布作類比。）

(2)沒有生滅的宇宙

既然只有無常變化的現象，沒有任何自我與實體的存在，在無常變化的世界中也就沒有可供生滅的自我或實體，也就是沒有自我與實體的生滅。自我與實體的生滅是人主觀心造的假相。

7. 涅槃境界

能夠理解上述眞象，也就是看透諸法實相（「諸法」意指一切有形與無形的事物。）就能夠不執著任何自我、實體，而超越一切的存有變化與生滅（因爲生滅是假相）．處於一種無我、無實體、無常、不生不滅、無所執著的清淨心，達到一種超越一般智慧的平等寧靜的愉悅境界是謂涅槃。

8. 其他說明

(1) 包括一切的佛菩薩在內，他們的成佛成菩薩也都不是無緣無故而發生，他們的心識與肉身，所有有形無形的成分也全都依賴於因緣的和合而生滅，因此他們的自我、心識，一切的能力也全都是無實體的空，是狀態的，現象的，不是實體的。

(2)《奧義書》將世界區分爲梵和魔耶，即本體和現象，梵是永恆的、本體的、大我、神我，梵的表面是魔耶，即表象、現象或幻象。（人死後歸入梵，成爲一體，入於大我之中同享永恆）。佛教則反對任何本體、實體永恆的看法，主張只有變動不居的現象。

9. 唯心唯識——萬法唯心所造

下面引號裏面的文句取自《華嚴經》〈後摩天宮品〉和〈十地品〉中有名的二頌。

「心如工畫師，能畫諸世界，五蘊悉從生，無法而不造。如心，佛亦爾，如佛，眾生然……一切唯心造。」（實叉難陀的譯文。）

或譯成「心如工畫師，畫種種五陰。一切世界中，無法而不造。如心、佛亦爾……。」（佛陀跋陀的譯文）《夜摩天宮品》

「三界所有，唯是一心」

大意是說，心就像畫家，能畫種種世界上的事物，精神與物質也全都是心所描繪、造作出來的，所有有形無形的事物它都造作出來（心造），即使像心的本身和佛等，也都是心所造作出來的。

「……又作是念，三界虛妄，但是心作，十二緣分，是皆依心。」《十地品》

10. 般若心經

般若心經是大乘佛教最核心精要經典，也是中文文言文經典中不可忽略的珍品。

下面錄自唐三藏法師玄奘譯的心經全文。

《般若波羅蜜多心經》，唐三藏法師玄奘譯：

觀自在菩薩，行深般若波羅蜜多時，照見五蘊皆空，度一切苦厄。舍利子，色不異空，空不異色，色即是空，空即是色。受、想、行、識，亦復如是。舍利子，是諸法空相，不生不滅，不垢不淨，不增不減。是故空中無色，無受、想、行、識，無眼、耳、鼻、舌、身、意，無色、聲、香、味、觸、法，無眼界，乃至無意識界；無無明，亦無無明盡，乃至無老死，亦無老死盡；無苦、集、滅、道，無智亦無得。以無所得故，菩提薩埵。依般若波羅蜜多故，心無罣礙。無罣礙故，無有恐怖。遠離顚倒夢想，究竟涅槃。三世諸佛，依般若波羅蜜多故，得阿耨多羅三藐三菩提。故知般若波羅蜜多，是大神咒，是大明咒，是無上咒，是無等等咒，能除一切苦，眞實不虛故。說般若波羅蜜多咒，即說咒曰：

揭帝揭帝，般若僧揭帝，菩提僧莎訶！

心經的一點點解釋供參考

(1)「色」：一切有形的物體事象。

(2)「受、想、行、識」：籠統稱之爲精神事象。

(3)「五蘊」：色、受、想、行、識：一切物體的與精神的事象。

(4)「空」：隨因緣而生滅變化沒有自性實體的狀態或現象。也是整個宇宙的眞實相狀。

(5)「五蘊皆空」：一切有形與無形的物質的與精神的事象全都是隨因緣而生滅的沒有

自性實體的一種現象。

(6)「色不異空，空不異色，色即是空，空即是色」：有形的物體和那沒有自性實體的狀態與現象兩者是同一，不可分的，是相同的。區分本體和現象是不對的，並不是有一個無實體的空作爲本體，再呈現出有形物體的現象。而是這有形的物體本身就是無實體的狀態。色和空是同一的，不分的。

(7)「受、想、行、識亦復如是」：精神事象也是一樣，都是無實體的狀態。並不是有一無實體的狀態作爲本體，呈現精神的事象，而是，精神事象即是無實體的狀態，兩者是同一的，不分的。

(8)「是諸法空相，不生不滅……空中無色，無受、想、行、識……亦無老死盡。」：一有形無形的事物，其眞實的相狀是不具實體的，現象的狀態的空相，如此空無自性實體的現象中，沒有實體的生與滅，所以是不生不滅，沒有實體的垢與淨，所以不垢不淨，沒有實體的增與減，所以是不增不減……在空無實體的現象之中是沒有有形事物的實體的，沒有精神事物的實體的……也沒有個人實體的老死……。

11. 三種山水悟境

一天，青原惟信禪師登上法堂，對眾門人說：「老僧三十年前未曾參禪時，見山是山，見水是水。到後，來參禪悟道後，見山不是山，見水不是水。而今得個休歇處，依然見山是山，見水是水。」

關於三種山水悟境，我的解釋如下：

第一階段，和尚未曾參禪時，他「見山是山，見水是水」。屬於一種世俗見解。（屬素樸實在論），看見什麼，就是什麼。

第二階段，和尚參禪之後有所領悟，他「見山不是山，見水不是水」。因爲他發現他所看到的山和水的實體相只是一種心識造作出來的假象，這有別於世俗所看到的客觀實體存在的山和水，所以他「見山不是山，見水不是水」。

他把山和水看成不具實體的現象，其理如下：山和水依賴因緣而生滅變化不停，有如一時的水波一樣，所以是不具實體的。山和水的實體假相，乃至於一切名相的呈現，全都出自心識的造作，一種唯心唯識的想法，有別世俗所認爲的，山和水是外在於心識的實體的存在。

第三階段，和尚最後完全領悟，他又「見山是山，見水是水」，此時他所見的是不具實體假相的山和水的現象，是眞眞實實的現象，也就是山和水的實相，因此他「見山是山，見水是水」。此處所謂眞實的現象或實相，意指並非有任何山和水現象背後或內在的本體來呈現山和水的現象，這山和水的現象就是沒有實體的眞實的現象，唯一的現象。

既然所見是山和水的眞實的現象，也就是山和水的實相，所以「見山是山，見水是水」所見之外不再有其它實體，實體假相已遭去除。

12. 金剛經常被引用的若干句子

(1)「一切有爲法，如夢幻泡影；如露亦如電，應作如是觀。」

所有隨因緣而生滅的一切有形無形的事物都是如夢如幻如露水如閃電一樣是無實體無自性的一時現象。

(2)「無我相，無人相，無眾生相，無壽者相。」

這宇宙整體是因緣互動，變動不居非實體的現象整體，宇宙中所呈現的個人自我、他人、眾生一類的區別以及各種時間上持續「存在」的種種分別實體相都是假相。

(3)「……應如是生清淨心；不應住（指執著）色生心，（色指有形的事物），不應住聲、香、味、觸、法生心，應無所住（「住」意指執著）而生其心。」

(4)「若復有人，得聞是經，信心清淨，則生實相……世尊！是實相者，則是非相，是故如來說明實相。……」

(5)「……如來常說：汝等比丘，知我說法，如筏喻者。法尚應捨，何況非法？」

佛教經典不時有宣示唯心唯識的語句，但大多依據於禪定內觀體驗所作的言詞陳述，局外人難以理解其對於唯心唯識的內觀體驗與領悟。

（二）觀法在法

（以下內容片段參考自《正念瑜珈》一書中「觀法在法」一章，該書作者 Frank Jude Boceice，譯者鄧光潔，參考本書事半功倍，作者借花獻佛請最好參考全書。）

「入息時，覺知諸法無常的本質；出息時，覺知諸法無常的本質。」（諸法意指有形無形的事物）

「入息時，覺知執著的消失；出息時，覺知執著的消失。」

「入息時，觀察滅；出息時，觀察滅。」

「入息時，觀察放下；出息時，觀察放下。」

「在一呼一吸間隨觀無常和變化」

「…我們觀察呼吸時，是省思其無常的本質……把注意力放在所觀察對象的無常本質上。我們可以觀察並領會到身體的無常，以及感受與念頭的無常和不斷變遷。我們可以看出心行的無常及不斷變化的本質。

這種觀呼吸的練習，可以闡明一切存在的諸法不斷變化、無常的本質。這並非只是哲學性的思惟，而是眞正去看透、去體驗。我們必須針對無常來『修行』。對無常的洞察力（智慧），是理解一切存在物相互依存、因緣和合而生、無我等本質的一個法門。……

……除非我們已經能深刻洞察無常，否則就無法眞正地『放下』……

體位法修行是練習省思身體如何變化及變老的最好方法。我們每天都可能發現極大的變化。」「當然，大部分人一聽到對隨觀無常的強調，就會覺得這個說法對修行來說實在是太『掃興』了。不過，良藥必須苦口。忽視變化和無常的眞理正是使不幸與極度痛苦永久存在的原因，如果我們能看透這點，就會明白這絕非掃興之說，只有眞正看清這點，才能帶來解脫。如果我們能超越理智的隨觀無常，能眞正看透它，就會發現，我們執著於本質即是無常的事物，根本就很愚蠢。」

「苦的根本原因是，我們執著於本質就是無常的事物；所以我們受苦的原因，是我們的執著，而非無常的事實。」

「但有了內觀的明晰洞察力，我們就會了解到，無常其實並非消極、也非積極，它就是它，亦即事物的『眞如』」。

「觸及無相就是涅槃」（空）

「深入洞悉諸法皆不斷轉變的事實，必然會導向此一洞見：萬物都缺乏亙久不變的自我（諸法無我）。這是佛陀對於諸法的核心觀察。（空）

這並不是說，你、我都不存在，而是說，你和我並不是像我們慣常所想像地存在。你和我（及一切事物）都沒有一個亙久不變、獨立存在、不可或缺的存在。即使是我們極力想保護和增強的自我意識，也並非獨立、分離的實體感事物，它是不斷變動的過程，同樣受到不斷改變的事物所制約。這個洞悉無我的洞察力，就是我們所提到『空』的眞正意涵。『空』本身並非精髓的某種『東西』。『空』其實是指，我們和一切現象皆無獨立存在、亙久不變的自我。無常就是『如此（such 不是 this）』而已，就是如此這般！

正因我們『空』無一個獨立存在的自我，我們反而可以說是充『滿』一切。沒有單獨存在的自我，意指和一切事物相互依存。當我們觀照自己的身體、感受、認知、心行和意識時，就會發現，其中沒有任何一個能單獨存在。它們都得和萬物相互依存。」

「無常還能引導我們通過無相的法門。一切存在物的眞如實相，超出一切概念或言語所能表達。念頭和認知所區分出來的類別稱爲『相』。『相』是絕佳的工具——是我們可以利用的模式和圖像，但若誤把『相』當成絕對實相，『相』就會成爲困住我們的牢籠。波浪和水，可用來協助我們理解實相的無相本質。波浪可大可小，可以生成，也可以消失。無論是大或小、生成或消失，都只是『相』而已——也就是特定現象的特性。如果我們認同某個特定的波浪，就會根據那個相而感覺快樂或悲傷。不過，若我們能觸及波浪的本質——若我們能碰觸到水，就能超越相；若我們能觸及無相，就能超越恐懼和一切痛苦了。

當我們深入探究實相的無常、無我的本質，就是觸及無相，也就是涅槃。涅槃並非一個我們可以造訪的場所，最好理解成：我們對實相的想法理念以及實相該有的樣貌的滅度。因此事實眞相就是，想要觸及無相，就要在當下充滿了相的世界中尋求，此外別無他處可尋。洞悉波浪時，你碰觸了水；想要看透水的眞如，你就必須穿透水的相，進而看出其相互依存的眞正本質。一行禪師如此解釋：『一切存在物的實相，就是無相，因爲這實相無法用概念或言語形容。由於它無法讓人理解，因此我們稱之爲空。這裡所說的空，並不是和存在相反的不存在，而是指無相，脫離生與死、存在與不存在、增加與減少、純粹與不純粹等概念的束縛。』」

「最後，由於諸法皆空，實相非概念所能形容，只有透過洞察無常，我們才能進入無願之門。波浪無法靠在本身當中添加水來『達到』水的眞如。我們無法添加或奪走一切萬物的眞實本質。解脫無法求諸一切存在物以外。覺醒的本質早就完全存在於諸法中。第十世紀的越南大師康僧會（Tang Hoi）曾有學生問他：『我們該到哪裡尋求無生無死的世界？』他回答：『就在這裡，就在有生、有死的世界。』

在正念瑜伽的修行中，這可以落實到體位法的經驗中，使我們極爲實際而具體地洞悉無常與變化。不要被無常給困住了，不要把無常看成某種哲思概念，或是我們在尋找和探查的一件事物，而是要在自己的身心中，見到改變的實相。

洛森（Richard Rosen）提出有關身體的公案：『誰是呼吸的人？』我們在觀察之際，可能會產生看似矛盾的體悟：呼吸毋庸置疑地持續進行，但卻找不到呼吸的人。『我是呼吸的人』的念頭只是念頭而已，只是添加在全然的經驗及純然的實相之外的一個念頭。你躺著做『攤屍式』時，可能會感覺到氣息在體內出入，注入空氣給你——即使是這點，也僅只是個念頭而已。

如果在修習入出息念期間，仍留有『呼吸的人』或『見證的人』的想法，那麼透過深刻體悟無常，這最後殘留的一點自我意識也會消融，你將不再有『我在注意』或『我在觀察』的感覺。起初，我們或許需要利用見證者的角色，好破除自己對不斷變化的感官及心理體驗的認同；不過，如今見證者本身也被視爲一種心行而已。」

執著是一種自作自受的腳鐐手銬。

「深入看透無常的實相，我們開始放下那長久以來一直攀緣的、稍縱即逝的現象的執著。我們發現，執著不只是苦的因，更是苦的一種。」

「如果我們的理解力繼續增長，能了解到我們所渴望的任何事物，在本質上都是不斷變動而且註定會消散，那麼我們對它能達到它所不能辦到的（永久不變）、給我們它所無法給的（終極快樂），這等欲望就會開始降低、消退。」「當我們看穿自己身心經驗的無常後，就會對特定的結果不再那麼執著，對當下就能保持開放態度，不會再用一些應該更好的念頭嚴厲批評自己。一個經典的比喻是，觀看執著的瓦解，猶如觀察白布污點被燦爛的陽光漂白而消退，覺察力就是能融化心之執著的燦爛陽光。」

「不要錯把漠不關心當成了無執，而兩者其實並不相同。在我看來，執著的行爲是毫無生命力的，因爲當我們執著（無論是對關係、感情、概念或某個物體）時，我們希望執著的對象能長久維持不變。這種狹隘、以管窺天的見解，會耗盡生命的活力和精髓，會把當下冷凍乾燥、封閉打包。不妨想像，若你執著於某段音樂的一個特殊音符，而希望守住這個樂音，持久不斷。在這個過程中，你就破壞了整首曲子的美和完整性。唯有『修行』不執著，才能使我們聽到音樂自然奏出，在音樂流瀉的當下，充分享受它。」

「執著使我們的心上了腳鐐手銬，使我們束縛在狹隘的見解中，以爲生命就是『我的』生命、『我的』身體、『我的』愛人、『我的』家庭和『我的』財產。當我們發現互即互入（相互依存）的眞理、洞悉無常和無我，就會突破過去自作自受的局限，並了解到生命其實並非自己所擁有，而是一切生命本身。任何特定現象（包括我們的身心）的無常及消融，並不會碰觸到生命的眞如，正如波浪的生起和消融也不會影響水的存在一樣。」

「『滅』是第三聖諦的總結，指苦之滅，因此也被視爲『涅槃』的同義字。除了『滅』之外，它的涵意還包括『鬆脫』、『撲滅』、『熄滅』等。」

「究竟是什麼鬆脫了？可以是心鬆脫了執著的束縛，解除一切使我們陷入苦的心理活動。究竟是什麼被撲滅了？是我們的痛苦被撲滅了，好比火被水澆熄，是我們受苦的火焰被熄滅了。究竟是什麼止息了？使我們無法眞正體驗到實相的一切錯誤想法、觀點，尤其是指有關生與死、常與斷、一與異、來與去等傳統上稱爲『八迷』（eight concepts）的止息。由於這些概念或觀點形成苦的基礎，並透過自我執著與瞋恚而表現出來，因此我們必須超越這些觀點。我們發現，實相是超越『一切』概念的。」

「培養『放下』的洞見力。」

「練習『放下』。但不是『你』在放下，這不是需要你費力去做的事，而是出於根本沒有東西可讓你緊握。如我先前所說，要放下的最後一件事，就是放下認爲有獨立存在、持久不變的自我想法。所有先前的隨觀中，仍然殘留有一絲絲的自我意識，可能會把洞悉無常的洞察力、無常的消退、無常的滅，全都歸功於己或據爲己有。諷刺的是，要放下之物，其實根本就不存在！」

「我們原本企圖把屬於生命、屬於自然的事物據爲己有。佛陀告訴我們，最高的理解力是不把任何事物視爲自我或占爲己有。透過第十六個隨觀，我們把宣稱爲『我』或『我所有』的一切全都歸還。我們並非放下實相，而是放下對實相的錯誤認知與誤解。」

「舍利弗說：『這眼睛並非我，我的心也不會受到它的束縛。』這種理解必須推及整個身心的過程，包括所有感官、心的對象及意識。『這一切事物均非我，我不受任何事物所束縛。』經文中繼續說道，萬物乃因緣和合而生。當因緣改變或停止，這些『事物』也會停止示現。萬物眞實的本質是不生、不死的，而我們的修行就是要看清，不局限在這個小小的、不斷變化的『臭皮囊』裡，而是擁有無邊無界的生命，解脫任何桎梏的分類，超越時間和空間。」

「在任何時刻我們都可以看出，自己如何受限於各種想法和執著，可以看出這即是苦。觀察得夠深入，執著就會消逝、止息，而解脫——解除重擔後的輕鬆——就會發生了。」

「『放下並不意味放棄某個東西，以便去尋求另個東西。』放下意味著徹底看透一切使我們（錯誤地）與現實隔離的事物。」

「我們和終極實相之間以及我們和他人之間的疆界，就會被視爲並非眞實的界限。最終，並沒有任何事物需要移除、添加或結合。我們並非藉由脫離人類所處的情境來尋求覺悟，而是就在人類生存的情境內尋求。」

「我們像孩子一樣在口袋裡塞滿泥土和石頭，究竟還要繼續多久？放下世界吧，繼續捉住它不放，我們就永遠無法認識自己，永遠無法輕盈自在。」

附錄2

作者伯爵臉書片段舉例供參考（請搜尋 Morgan Tsai 臉書）。

疫情開始我開始使用臉書，一直到今天，從獨唱清唱「紅豆詞」以及美國獨立宣言背誦錄影（略過中間兩段，快速背誦時間4分多鐘）作爲開始。幾年來我在臉書留下不少東西，內容堪稱琳瑯滿目，而且包羅萬象。比起我在臉書上面的貢獻，如今出版的這本小冊子顯得微不足道。當你們回溯搜尋我的臉書，你們將發現幾乎天天都有貼文，絕大多數値得你們參考品味。可惜沒有辦法提供幾年來所有貼文的目錄索引，如果隨性隨機搜尋亂槍打鳥，將如同在一處美麗的大海裡面下網補魚一般，這美麗豐饒的大海裡面充滿了各式各樣美麗彩色的魚蝦穿梭游泳其間。各位不妨試試看搜尋一下我的臉書，一直到找尋到各位心目中所要的寶物爲止。

我以伯爵作爲筆名。當年我乘天雲而來，路過詩人國上空，頭頂光輪，我目射金光，沖射下界凡塵，爾時永恆歷程中的朝聖客，金臂人伯爵大人閣下，下雲端一路教忠教孝，有教無類，亦不惜努力對牛彈琴，以迄於今。

下面臉書貼文舉例非常隨機，誠所謂九牛之一毛。請隨意參考。

1. 簡單介紹第十三篇，主觀唯心論。

作者在臉書裡面 Morgan Tsai 二〇二二年十一月 Ka 和 K 以及二〇二二年七月中 G 字母以及「伯爵說」系列貼文介紹了從笛卡爾到康德的哲學。請留意參考 G52、G53 貼文。

本篇只從中摘取巴克萊主觀唯心論的部分加以簡單的介紹。其他的部分因爲和全書主旨暫時不相干所以略去不提。

2. 最敬愛的永恆歷程中孤獨前行的朝聖客金臂人伯爵大人閣下就寢前感言筆記：孤獨已經被過度的強調，談論孤獨的人很難了解眞正的孤獨、眞正特立獨行的強者，更不可能了解「全世界只有我一個人看見此刻的光景。」這一句話所言說的境界。

3.

我在荒山暗夜密林之中倉皇狂奔，後面緊追著過來的是一群史前的爬蟲巨獸，我終於被逼上一座巨大的獨木橋，在獨木橋的前方另一端，各種鬼魅在地上，在空中群魔亂舞，正在等著我。往獨木橋下方一看，那是萬丈深淵，在它深不見底的下方隱約看到暗紅色的岩漿緩緩流動。

我已歷盡心力交瘁的苦煉。在面臨生死絕境的現實的關頭，我告訴我自己說：假如六千五百萬年前已經滅絕的巨大的爬蟲可以現身威脅我，假如所有這些鬼魅群魔眞的存在，那麼同屬超自然的萬能的上帝也必定存在。於是我抬頭仰望那令人嚮往永恆的蒼穹，向上帝祈求：曾經蒙受您恩寵，我此刻懇求您開啓我的心靈，賜給我智慧，懇求您的憐憫，救我脫離如此生死大難。

爾時天上飄下陣陣的清澈的童音合唱，如此祥和的天籟，曲調似曾相識，我知道我已得救，當下跪倒在獨木橋上面，早已淚流滿面。

4.

回答幾位人士的問題。

如果眞的遇到外星人，許多科學家認爲，他們跟我們應該一點也不像，他們的感官與運動方式完全都不同。但是古生物學家賽門．康維莫里斯不同意，他的爭議性看法是：外星人應該和我們有許多熟悉特點，線索就在地球上，生物多樣性令人難以置信，鬱金香、條蟲、大象、抹香鯨和眞菌看起來都完全不同。但他的論據是就生命之樹而言，基礎結構其實存在，因此某些結果可能性很高，有時甚至不可避免。其他人看到無限多樣化，康維莫里斯看到有效的解決方法，而且一而再再而三出現，這就是趨同進化。我看著章魚，章魚也看著我，我們知道章魚的眼睛和人眼非常類似，都是所謂的相機設計。相機眼睛都是獨立演化，大約七次。而且幾乎沒有例外的，這一類的動物都能快速移動，都是掠食動物，而且發展出智慧，不只眼睛，鳥和蝙蝠都發展出翅膀，雖然兩者演化時間相差三億年，一隻稀有動物，連牙齒看起來都像一隻狼，但卻是塔斯馬尼亞的有袋動物，披著狼皮的袋鼠。康維莫里斯相信，某些特徵不斷演化出來，因爲是在我們世界生存的最佳解答。我研究生物時經歷到的多數東西不是運作不錯，而是運作得好極了。

例如，原則上眼睛能偵測到單一光子，耳朵能聽見熱雜訊的水平，鼻子原則上能聞到單一分子，你知道這代表什麼嗎？代表我們已經到達宇宙的極限，如果康維莫里斯是對的，我們對外星人也可以做相同的推論：論據就是趨同進化對於星系生物可說有一個整體計畫。

找一個類似地球也有生命的行星，只要時間充分，兩足運動，精確抓握，工具的使用。更驚人的是，連智慧也能發展出來，如果那裡跟地球類似，那我更要說，怎麼可能不像人類？不會一模一樣！因爲演化史截然不同，但是讓人覺得外星人電影裡面外星人都長得那麼像人類，不是因爲想像力不足，而是個生物學上的現實。所以外星人眞的存在嗎？

（摘錄自國家地理頻道電視節目片段）

本書第十三篇簡單說明了一下巴克萊主觀唯心論的內容，巴克萊的書裡面分邏輯和經驗的兩方面論述他的理論，這裡我只提到他邏輯的部分的說法，他經驗方面的論述我改用自己更清楚明白的方式在第九與第十兩篇裡面給清楚簡單的說明。

涉入唯心論理論的一些聰明的人士一方面可能爲唯心論者巧妙的雄辯而讚嘆，卻無法解決它所遺留下來的另一半的經典困惑：「在人類未曾運思之前，外在世界有無物觀的存在？」此問題的眞正解答，在本書中作者略過，第十二篇蘊含了全面解答的方式，但只透露些微線索，本書出版之後，隨後另外一本深入的小書將緊接著出版，在隨後出版的這本書裡面將有非常深入的論述，特此說明。大乘佛教從禪定內觀裡面自稱體驗到唯識唯心的結論，本書對此也給予一般知識與常識觀點上的解釋提供參考。大乘佛教從禪定內觀的過程裡面照見諸法實相：描繪出來一個剎那變化不居的精神現象世界只是 such 的現象，一切 this 的實體、自我全都是假象。因此諸法實相所描述出來的也就是諸法空相。既然沒有任何的 this 實體與自我的存在，也就沒有任何獨立於世界之外自我實體的生滅。個人身心的自我，乃至於各種有形無形事物的實體及其生滅都是假象，一切的個人，一切有形無形的事物，都是一種 such 的現象狀態，所有這些現象全部都在整體世界精神現象裡面合而爲一，不能分離開，也就是天人合一的狀態，個人現象與宇宙整體現象合一，同歸於不生不滅的精神現象世界。本書第十一篇對這方面的問題有作者的評論供參考。（請搜尋本人 Morgan Tsai 兩年來臉書貼文，內容非常豐富精彩，趣味性高，其中有一段一系列的貼文從笛卡兒，洛克，巴克萊，休謨到康德特別是康德的介紹說明，值得欣賞參考。）

國家圖書館出版品預行編目(CIP)資料

紅樓文選：從細瑣平常中見神奇奧妙／Graf S. C. Tsai(伯爵), 蔡元正著.--初版.--臺北市：五南圖書出版股份有限公司, 2024.01
面；　公分
ISBN 978-626-366-971-0(平裝)

1.CST: 人生哲學　2.CST: 靈修

191.9　　112022907

4B23

紅樓文選
從細瑣平常中見神奇奧妙

作　　者— Graf S. C. Tsai（伯爵）、蔡元正
發 行 人— 楊榮川
總 經 理— 楊士清
總 編 輯— 楊秀麗
副總編輯— 王正華
責任編輯— 張維文
封面設計— 鄭云淨
出 版 者— 五南圖書出版股份有限公司
地　　址：106台北市大安區和平東路二段339號4樓
電　　話：(02)2705-5066　傳　　真：(02)2706-6100
網　　址：https://www.wunan.com.tw
電子郵件：wunan@wunan.com.tw
劃撥帳號：01068953
戶　　名：五南圖書出版股份有限公司

法律顧問　林勝安律師

出版日期　2024年 1 月初版一刷
定　　價　新臺幣250元